AF457435

ACTE II, SCÈNE II.

LA FILLE D'UN MILITAIRE,

COMÉDIE-VAUDEVILLE EN DEUX ACTES,

Par MM. Laurencin et H. Meyer,

REPRÉSENTÉE POUR LA PREMIÈRE FOIS, A PARIS, SUR LE THÉATRE DU GYMNASE-DRAMATIQUE, LE 9 AOUT 1837.

PERSONNAGES.	ACTEURS.	PERSONNAGES.	ACTEURS.
LE CAPITAINE DUHAMEL, officier en demi-solde. . . .	M. FERVILLE.	Mme SAVERY	Mme USANNAZ.
TIMOLÉON DE BEAU-CRESSON	M. SYLVESTRE.	CATHERINE, vieille servante du capitaine.	Mme JULIENNE.
ALFRED SAVERY, jeune avocat.	M. RHOZEVILLE.	UN COCHER de l'ambassade portugaise.	M. BORDIER.
HENRIETTE DUHAMEL, fille du capitaine	Mlle EUGÉNIE SAUVAGE.	INVITÉS ET INVITÉES.	
		DEUX DEMOISELLES DE BOUTIQUE.	

La scène est chez le capitaine Duhamel.

S'adresser pour la musique de cette pièce, et celle de tous les ouvrages qui composent le répertoire du Gymnase-Dramatique, à M. HEISSER, bibliothécaire et copiste au théâtre.

ACTE PREMIER.

Le théâtre représente la pièce principale d'un appartement modeste. Deux portes au fond. Portes latérales. Une fenêtre à droite ouvrant sur la rue. Un buffet entre les deux portes du fond. A gauche une table sur laquelle sont un carafon et un verre.

SCENE PREMIERE.

CATHERINE, *regardant par la fenêtre.*

Là! j'en étais sûre, le voilà qui tourne à gauche et qui prend encore le chemin de l'estaminet militaire. (*Descendant la scène et desservant la table.*) Monsieur a dîné... monsieur s'est bien lesté de tout et de tout.... et maintenant il faut qu'il flâne, qu'il fume *sa* cigare, qu'il aille faire sa partie de billard ou de dominos, pendant que sa pauvre chère fille.... ah! seigneur Dieu! pourquoi faut-il que les enfans aient des pères?..

SCENE II.

HENRIETTE, *entrant tristement, un paquet à la main*, CATHERINE.

HENRIETTE. Catherine?..

CATHERINE. Comment, mamzelle Henriette, déjà revenue? Est-ce que la dame du fichu n'était pas chez elle?

HENRIETTE. Mme de Rainville? si fait... mais...

CATHERINE. Je devine, elle ne vous aura pas payée... et ça se donne les tons de faire broder... une jolie pratique!.. qui n'a peut-être pas plus d'argent que nous....

HENRIETTE. Oh! ce n'est qu'un retard. Elle m'a demandé une rosace au milieu d'un voile qu'il lui faut pour demain matin, et quand je lui ai présenté ma note, non sans rougir, car ça me coûtait beaucoup, je te l'avoue : « C'est bien, m'a-t-elle dit en la prenant, demain j'acquitterai le tout ensemble, j'en serai plus sûre de votre exactitude. »

CATHERINE. Allons! nouvel embarras... une rentrée qui devait servir à payer cette vieille dette que vous aviez contractée en cachette pour les frais de la grande maladie de votre père.... ces vins fins qu'on lui ordonnait dans sa convalescence.... du Bordeaux, du Malaga... aussi il a été long-temps convalescent.... il ne se pressait pas de guérir... et aujourd'hui que nous voilà à l'échéance du billet, qu'est-ce que vous direz au créancier?

HENRIETTE. A M. Duparc? il ne me refusera pas d'attendre jusqu'à demain.

CATHERINE. C'est ça... et il faudra encore aujourd'hui vous exterminer de travail.

HENRIETTE, *tire un voile du paquet et l'ajuste sur son métier*. Le travail! oh! je ne m'en plains pas, c'est pour moi un plaisir, un bonheur.

CATHERINE. Ah ben! dans ce cas, vous pouvez vous vanter d'être heureuse.

HENRIETTE. Plus bas! si mon père t'entendait...

CATHERINE. M'entendre! ce serait donc de loin. Est-ce que le capitaine peut rester chez lui quand il a pris sa subsistance?

HENRIETTE. Catherine!

CATHERINE. Eh mon Dieu! si je me plains, ce n'est jamais pour mon compte, allez... une vieille comme moi, ce n'est plus bon qu'à avoir du mal, et un peu plus, un peu moins, bah!... Mais vous, mamzelle, à votre âge, des veilles, des fatigues et jamais un brin d'agrément, tout comme votre pauvre mère... tandis que le capitaine ne se refuse rien, lui.... un argent fou qui s'en va en parties de billard, cigares, punch, petits-verres, sans compter ce qu'il prête à Pierre ou à Paul... le premier soldat venu qui a l'air dans la gêne...

HENRIETTE. Preuve de son bon cœur: peux-tu lui en faire un reproche?

CATHERINE. Quand on a un bon cœur, on le garde pour les siens. S'il était resté en activité, au moins, passe encore .. mais puisque la restauration l'avait mis à la réforme, il devait en faire autant et se réformer soi-même ses folies et ses gaspillages...

HENRIETTE, *quittant son métier*. Le chagrin te rend injuste, ma chère Catherine; ne le voulut-il pas? n'eut-il pas le courage de renoncer à des habitudes prises dans les camps? de rompre avec ses meilleurs amis, ses anciens compagnons d'armes? car c'était à qui d'entre eux l'inviterait. Il est si estimé, mon père, si aimé de tous, et sa fierté ne lui aurait pas permis d'accepter des invitations qu'il ne pouvait plus rendre...

CATHERINE. Je ne dis pas; du côté des sentimens, le capitaine est la délicatesse et l'honneur en personne.

HENRIETTE. Quand il fut forcé de me retirer de pension, ne se renferma-t-il pas ici, seul avec moi, son Henriette!... sa fille chérie?...

CATHERINE. D'accord. Pour ce qui est de vous aimer, il y va en conscience... et s'il se doutait...

HENRIETTE. Ah! qu'il l'ignore, qu'il l'ignore toujours! Tu ne te souviens donc plus? mon pauvre père! je le vois encore, restant assis là des jours, des semaines, des mois entiers, s'efforçant de me persuader qu'il préférait cette vie monotone à l'agitation, au mouvement de son ancienne existence... Enfin, ne chercha-t-il pas à utiliser ses instans, à s'occuper?

CATHERINE. Ah! oui! parlons de ça... belle ressource... s'il avait fallu compter sur sa besogne.

HENRIETTE. Est-ce sa faute, lui qui s'était engagé à quinze ans pour courir défendre son pays; à force de courage, il a pu s'élever en grade; mais pouvait-il changer son éducation, qui est celle du peuple d'où il est sorti, et de l'armée, où il a passé toute sa jeunesse... au bivouac, pendant la guerre?...

CATHERINE. Ou à l'estaminet dans les garnisons.

HENRIETTE. Un changement si brusque était au-dessus de ses forces. La plume ou les livres lui tombaient des mains.... l'ennui le consumait... pâle, morne, amaigri... Catherine, il en serait mort.

CATHERINE. C'est vrai! ce n'est que trop vrai! sans ça, est-ce que je me serais prêtée à votre invention de lui faire accroire que votre broderie vous rapporte dix fois plus qu'on ne vous la paie, afin de le décider à employer pour lui seul tout ce qui lui reste, sa demi-solde et la pension de sa croix?

HENRIETTE.

AIR *des Frères de lait.*

Et ce n'est pas sans effort et sans peine,
Que j'ai trouvé moyen d'y réussir,
Car bien souvent, pour lui cacher ma gêne,
Il a fallu le tromper, lui mentir;
Mais, si c'est mal, puis-je m'en repentir?...
Dieu fera grâce à l'innocente intrigue
Qui me permet de combler tous ses vœux,
Et quand pour lui parfois je me fatigue,
Je me repose en le voyant heureux!...
Oui, quand pour lui, etc.

Enfin, avec ses habitudes il a repris sa santé, sa bonne humeur.

CATHERINE. Et son embonpoint... car il vous a une mine.

HENRIETTE. N'est-ce pas? ce pauvre père...

CATHERINE. C'est ça! plaignez-le, encore... c'est-à-dire que c'est honteux! s'il avait un peu d'amour-propre, il serait humilié de s'arrondir comme il fait.

HENRIETTE. Et moi, ça me console, ça me dédommage de tout.

Elle retourne à son métier.

CATHERINE Soit... mais ça ne vous donnera pas un mari, et à votre âge il serait bien temps...

HENRIETTE. Dam! si on ne veut pas de moi, si on ne m'aime pas...

CATHERINE. Ne pas vous aimer!.. je voudrais bien voir ça!

HENRIETTE. C'est tout simple, je n'ai pas de dot, pas de fortune.

CATHERINE. Laissez donc... si c'était là le seul obstacle.... il se trouve encore de braves jeunes gens qui ne donnent pas dans la mode nouvelle de n'épouser qu'un coffre-fort... bien peu... mais il s'en trouverait... A preuve, M. Deschamps, il y a deux ans... par malheur, il y a d'autres raisons... celles qui ont déjà fait manquer votre mariage avec celui-là...

HENRIETTE. Catherine!..

CATHERINE. Bien! bien! n'en parlons plus, puisque ça vous déplaît.... mais j'ai idée qu'il y a quelqu'un que ces raisons-là n'arrêteraient pas.

HENRIETTE, *un peu troublée.* Ah! quelqu'un!

CATHERINE. Un jeune homme bien élevé, riche... le neveu du propriétaire.

HENRIETTE. M. Timoléon?

CATHERINE. Un cavalier bien gentil, bien galant... et attentionné pour vous.

HENRIETTE. Oh! beaucoup trop.

CATHERINE. Et une douceur, qu'on ne dirait jamais qu'il sort d'une école militaire; il est vrai qu'il n'est guère resté que six mois à Saint-Cyr, encore par obéissance pour son oncle le banquier, dont il est le seul héritier.... Car, quant à lui, il ne tient pas à aller se faire casser la tête... bon pour ceux qui n'ont que ça à perdre... et (*d'un ton mystérieux*) et si, dans ses visites chez nous, il y avait sous jeu de l'amour...

HENRIETTE. Pour moi?

CATHERINE. Dam! ce n'est pas pour moi, je suppose...

HENRIETTE. Lui! jamais...

CATHERINE. Par exemple! et pourquoi donc? il vaut bien M. Alfred Savery.

HENRIETTE, *avec émotion.* Alfred...!

CATHERINE. Qui se trouvait toujours avec sa sœur, Mlle Clémentine, chaque fois que je vous menais la voir à votre ancienne pension, avant qu'elle fût allée à Rouen épouser un riche manufacturier.

HENRIETTE, *avec impatience.* Peux-tu comparer M. Alfred ...?

CATHERINE. Chacun son goût.

HENRIETTE. Lui qui vient encore, m'écrit sa sœur, de gagner une cause brillante...

CATHERINE. Justement... un petit avocat! tandis que l'autre... je lui trouve un air beu plus comme il faut.... d'abord il est noble; Timoléon de Beaucresson... oh! vous entendre appeler Mme de Beaucresson... Dieu de Dieu!

SCENE III.

LES MÊMES, TIMOLÉON *.

TIMOLÉON, *au fond, à part.* La voilà!

CATHERINE, *l'apercevant, bas à Henriette.* Et tenez, tenez... c'est lui... quand on parle du...

TIMOLÉON, *à Henriette.* Mademoiselle...

* Henriette, Catherine, Timoléon.

HENRIETTE, *le saluant froidement.* Monsieur...

CATHERINE, *lui faisant une belle révérence.* Ben votre servante, monsieur de Beaucresson... ne faut pas vous demander comment que ça va... vous avez cette après-midi une mine...

TIMOLÉON. Ah! vous me volez, dame Catherine, vous me volez...

CATHERINE. Plaît-il?

TIMOLÉON. Car c'est ce que j'allais dire à Mlle Henriette en lui offrant le faible hommage de ces roses qui ont moins d'incarnat qu'elle...

Il présente un bouquet à Henriette.

CATHERINE. Oh! que c'est gracieux!

HENRIETTE, *le refusant.* Je vous remercie, monsieur... mais les fleurs me portent à la tête quand je travaille...

TIMOLÉON. Et pourquoi, ô ciel! travaillez-vous à ces heures-ci?

HENRIETTE. Pour être tout entière à mon père quand il reviendra.... car il est sorti... et c'est lui que vous cherchiez, je suppose...

TIMOLÉON. Oui, oui, mademoiselle... il n'y a pas le moindre doute..... ah! il est absent!.. mais c'est égal, que je ne vous dérange pas.... je l'attendrai... je l'attendrai très-patiemment... Je suis loin de me plaindre... d'une perte où je.... gagne.... puisque ça me procure... (*Bas à Catherine.*) Eh bien! retenez-la donc, retenez-la.

CATHERINE, *à Henriette.* Où allez-vous donc, mamzelle?

HENRIETTE. Tu sais toi-même à quel point je suis pressée... J'ai à tracer le dessin d'une rosace pour ce voile... monsieur voudra bien m'excuser.

Elle salue et rentre dans sa chambre au fond à droite.

SCENE IV.

CATHERINE, TIMOLÉON.

TIMOLÉON, *désappointé.* Ah ça!... il me semble que Mlle Henriette...

CATHERINE. Ne faites pas attention..... c'est l'amour du travail...

TIMOLÉON. Mais pourquoi travaille-t-elle? User le fil de ses beaux jours à coudre et à broder.... ternir ses yeux brillans, piquer ses jolis doigts... c'est un suicide en détail.

CATHERINE. Patience! ça changera.... elle a trop de qualités, trop de sagesse pour rester toujours demoiselle... car ce n'est pas parce que je l'ai nourrie de mon lait... mais celui qui obtiendra sa main... (*regardant Timoléon*) pourra se vanter d'avoir mis la sienne sur un trésor.

TIMOLÉON, *à part.* Comme elle me regarde!.. est-ce qu'elle s'imaginerait par hasard..?

CATHERINE. N'êtes-vous pas de mon avis?

TIMOLÉON. Si j'en suis? plus que vous...

CATHERINE. Je le savais... on le savait, jeune homme... ah! dam!.. c'est que, moi, j'ai de bons yeux...

TIMOLÉON. Je m'en aperçois... à propos, ça me rappelle... (*Il tire de sa poche une paire de besicles dans leur étui.*) Dame Catherine, permettez-moi de vous offrir le faible hommage...

CATHERINE. Hein? des roses à moi?

TIMOLÉON, *lui présentant l'étui.* Non.... des besicles... il faut des cadeaux assortis.

CATHERINE, *qui a ouvert l'étui.* Et en écaille!... en pure écaille!

TIMOLÉON. Pour remplacer la paire que vous avez perdue.

CATHERINE. Ah! que c'est donc..! que c'est...! Je ne sais si je dois...

TIMOLÉON. Vous badinez... ce n'est qu'un modeste échantillon de mes intentions...

CATHERINE. Qui ne peuvent être que très-bonnes... j'en suis sûre.....

TIMOLÉON. Ah çà!.. (*regardant autour de lui*) dites-moi, dame Catherine, croyez-vous que le capitaine Duhamel....?

CATHERINE, *qui essaie les besicles.* Soyez tranquille... il va rentrer...

TIMOLÉON, *à part, avec crainte.* Ah! diable!..

CATHERINE. Ah! mais!...ah! mais!... comme ça me va!.. tenez, d'ici, je lis dans vos yeux que vous l'attendez avec impatience...

TIMOLÉON. Le capitaine?.. (*A part.*) Joliment!..

CATHERINE. Et qui sait? peut-être pour quelque confidence qui vous tient au cœur...

TIMOLÉON. Vous voyez ça.... eh bien!.. il faut convenir que je vous ai donné de fameuses lunettes... mais, avant le retour du père, est-ce que je ne pourrais pas rester seul un instant avec la fille?..

CATHERINE. Avec mamzelle!.. y pensez-vous?.. quoiqu'on ne soit que vos locataires, et qu'on loge au cinquième... les convenances....

TIMOLÉON. Justement... en supposant... votre supposition... un jeune homme délicat ne doit-il pas, avant tout, interroger la jeune personne pour savoir si elle peut répondre... C'est même le seul moyen de le savoir...

CATHERINE. Au fait... oui!.. c'est d'une délicatesse... Pourtant si j'étais là, moi...

TIMOLÉON. Vous ne me gêneriez pas du tout... au contraire... je serais enchanté... mais j'aime mieux que vous n'y soyez pas.....

CATHERINE. Bien!.. bien!.. je conçois votre timidité!....

TIMOLÉON, *d'un ton hypocrite*. Oh oui!.. je suis si timide!

CATHERINE. Je vais rejoindre la chère demoiselle et tâcher de.....

TIMOLÉON, *lui présentant un cornet*. Ah! dame Catherine... j'allais oublier...

CATHERINE. Encore! par exemple!.. (*Flairant le cornet qu'il a ouvert et qu'il lui met sous le nez.*) Du macouba!.. (*Se pâmant.*) Ah!.. et avec une fève... Oh! ce procédé-là!.. c'est si rare au jour d'aujourd'hui que les jeunes gens pensent aux vieilles femmes!..

TIMOLÉON. Ils ont bien tort.

CATHERINE. Ça, oui... il n'y a rien qui intéresse comme un jeune homme à procédés. Monsieur Timoléon de Beaucresson...

TIMOLÉON. Dame Catherine...

CATHERINE. Pour vous prouver que je ne suis pas ingrate, permettez-moi de vous embrasser...

TIMOLÉON. Hein?... avec le plus grand... (*Il l'embrasse; à part.*) Ouf..... faites donc le généreux!..

CATHERINE. Attendez-moi... (*Elle s'en va en prenant une prise de tabac.*) Ça réveillerait un trépassé! atch... atch...

Elle éternue et sort.

SCENE V.

TIMOLÉON.

Dieu vous bénisse!.. (*Redescendant la scène.*) Et que le diable t'emporte... une heure de perdue!.. une heure où j'aurais si bien profité de l'absence du père pour risquer... Risquer est le mot... car si le capitaine venait à se douter... N'importe, je ne reculerai pas... en amour il n'y a rien qui excite comme le péril... surtout quand on a un moyen de l'esquiver... et j'ai ce moyen, car à la veille de partir pour le Portugal... comme l'exige absolument mon oncle... depuis qu'il s'est associé à d'autres banquiers pour l'emprunt de don Pedro, il s'imagine contribuer au succès de l'expédition en me forçant d'y prendre un grade sous notre cousin le général... Ma fortune sera un jour à toi, me dit-il; c'est bien le moins que tu te battes pour la doubler. Merci! comme si je n'aimais pas mieux encore son héritier que son héritage; mais il y met un entêtement!... j'ai eu beau dire!...

AIR *du Partage de la richesse.*

Bon gré, malgré, de moi l'on fait un brave,
Du moins ici brusquons le sentiment,
Déclarons-nous, et sans entrave
Près d'Henriette allons au dénouement.
Doux à-compte sur la victoire!
J'ai bien droit de me ménager,
Quand on me condamne à la gloire,
L'amour pour m'en dédommager.

Et quant au père, qu'il se fâche ensuite... cours après moi, je serai déjà bien loin... en attendant, je le cajole... car il ne plaisante pas... un gaillard qui se battrait pour un oui et pour un non.

LE CAPITAINE, *en dehors*. Portez ça dans la cuisine... là... à gauche...

TIMOLÉON. Eh mais... c'est déjà lui!....

SCENE VI.

LE CAPITAINE, TIMOLÉON.

LE CAPITAINE, *fredonnant.*

Nous n'avons qu'un temps à vivre,
Amis, passons-le gaîment....

Il entre un cigare à la bouche, deux bouteilles de champagne sous le bras, et à la main un gâteau de Savoie; apercevant Timoléon :

Eh! c'est vous! (*en déposant ce qu'il tient sur la table*) enchanté de vous trouver chez moi, mon jeune amphitryon... car je peux bien vous donner ce nom-là... vous qui me payez à souper deux ou trois fois par semaine... il est vrai que c'est à votre corps défendant.....

TIMOLÉON. Si l'on peut appeler ça se défendre... vous êtes si fort au billard!... (*A part.*) Une mazette!.. pour perdre contre lui, il me faut une adresse!....

LE CAPITAINE. Mais chacun son tour, comme de juste... c'est moi qui vous régalerai aujourd'hui.

TIMOLÉON. Vous?..

LE CAPITAINE. Un peu... une surprise que je ménage à ma fille... un bout de soirée, à l'occasion de sa fête... quelques amis... d'anciens camarades à qui j'ai dit d'amener femmes et enfans... Si vous voulez être des nôtres?..

TIMOLÉON. Comment donc?

LE CAPITAINE. Ah! dam!.. il s'agit de danser, chanter, fumer, boire... Et allez donc... un jour comme ça, en avant la gaîté et la consommation!.. Je viens de faire une rafle chez les marchands de comestibles... sans compter une commande de punch, vin chaud et autres rafraîchissemens. Pour orchestre, un violon, et l'ancien trompette du régiment, qui maintenant joue du cornet à piston, un gaillard qui a de l'haleine et du souffle à faire valser vingt-cinq mille hommes de cavalerie... légère, légère, bien entendu...

TIMOLÉON. Un bal ici!..

LE CAPITAINE. C'est vrai que le local est un peu restreint...

TIMOLÉON. Sans doute... mais il ne tient qu'à vous d'en avoir un autre...... L'appartement voisin... il est vacant... je vous fais donner la clef, et en ouvrant cette porte de communication.....

LE CAPITAINE. Fameuse idée..... mais halte là... si votre oncle...

TIMOLÉON. Mon oncle... laissez donc... dès que je prends ça sur moi ..

LE CAPITAINE. Ah! oui... au fait... vous, son Benjamin!.. car il vous gâte... ce brevet de colonel qu'il vient de vous faire avoir... un blanc-bec de votre âge... Êtes-vous heureux!..

TIMOLÉON, *à part*. Oui... joliment!..

LE CAPITAINE. Et dire que moi, ils m'ont mis à la réforme!.. qu'ils m'y laissent encore...Bast!.. tant mieux, au reste.

TIMOLÉON. Tant mieux!.... pourquoi donc?..

LE CAPITAINE. Ah! pourquoi?.. parce que... (*regardant la chambre d'Henriette*) parce que... je suis rouillé...

TIMOLÉON. Bah!.. est-ce que les forces baissent?..

LE CAPITAINE. Non... pas trop... la poigne est encore assez bonne.

Il met la main sur l'épaule de Timoléon, qui fléchit.

TIMOLÉON. Aïe!.. oui... peste!..

LE CAPITAINE, *frappant sur sa poitrine*. Mais je me suis amolli dans les délices de Capoue... et de la paternité...

TIMOLÉON. Comment?..

LE CAPITAINE.

AIR : *Ce que j'éprouve en vous voyant.*

Long-temps j'ignorai le bonheur
Que l'on goûte à vivre en famille,
Mais à présent combien ma fille
M'en a fait sentir la douceur!
Aussi j'ai juré sur l'honneur
De n' plus, jusqu'au bout d' ma carrière,
Souffrir que rien nous séparât!..
J' l'ai juré, ça vaut un contrat;
Je tiendrai le serment du père
Comm' jadis celui du soldat,
Comm' j'ai t'nu mon serment de soldat!

Chère Henriette... aller mourir loin d'elle!.. car, depuis ma dernière maladie, le docteur prétend que si je reprenais du service, je serais bientôt *ad patres*. Ce n'est pas que la mort sur un champ de bataille ne me paraît mille fois plus agréable qu'ici, sur mon lit, comme un fainéant, un rentier; mais ce que je préfère à tout ça... à la gloire même, c'est ma fille, mon bonheur, ma joie, mon espoir!.. c'est de vivre toujours près d'elle, de la dévorer des yeux, d'entendre sa jolie petite voix, de recevoir ses caresses... enfin... enfin, je vous dis, rouillé!.. je ne suis plus bon à rien... une ganache... un père!..

TIMOLÉON, *d'un ton de compliment*. Ganache, capitaine!.. vous exagérez!..

LE CAPITAINE. Non... je me rends justice... ce qui ne m'empêche pas de vous porter envie... parce que... donner ou recevoir des coups de sabre, quel plaisir de...Vous m'en direz des nouvelles quand vous en serez revenu, si vous en revenez...

TIMOLÉON. Par exemple!.. je l'espère bien!.. je l'espère très-bien.

LE CAPITAINE. Et je vous souhaite d'y réussir comme moi... Oh! dam!.. c'était ma spécialité... comme la vôtre est, pour le quart d'heure, d'inventer des nœuds de cravate... (*voyant Timoléon ajuster ses cheveux*) ou de tortiller votre mèche de cheveux, qui me paraît un peu rétive à la consigne...

TIMOLÉON. Dam!... pour un bal.....

LE CAPITAINE. Au fait, vous avez raison... oui, le bal... je ne veux plus penser qu'à ça... parce que ces diables de souvenirs militaires... ça me serre ici... ça me... (*Se frottant le front.*) Vive la joie, morbleu! ah! ah! la maison de votre oncle n'a qu'à se bien tenir... si le cinquième ne descend pas aujourd'hui au rez-de-chaussée...

TIMOLÉON. Pourquoi pas tout de suite à la cave?

LE CAPITAINE. Ma foi, je ne demande pas mieux... d'autant que celle de l'oncle jouit d'une réputation!.. un front de bataille que j'aborderais vite à la baïonnette!..

TIMOLÉON. Avec un tire-bouchon.

LE CAPITAINE. Ah çà!.. j'y pense... cet appartement que vous nous prêtez... il faut le garnir un peu... une commande à faire... des banquettes, des chaises, des tables de jeu... enfin le matériel nécessaire à la chose.

TIMOLÉON. Eh bien! chez le tapissier voisin...

LE CAPITAINE. C'est ça... en route.

CATHERINE, *avant de paraître*. Oui, mamselle...

LE CAPITAINE. Diable! ma fille... moi qui la croyais sortie...

Il met son chapeau sur les bouteilles de champagne.

SCENE VII.

LES MÊMES, HENRIETTE, CATHERINE.

CATHERINE, *à Henriette*. Puisque j'ai vu tout ça dans la cuisine... deux brioches, des gâteaux, des biscuits... et une dinde *bourrelée* de truffes que la pauvre animal en est défigurée.

LE CAPITAINE, *à part*. Allons, la vieille perruche qui va, qui va... (*Bas à Catherine.*) Chut....

HENRIETTE. Ah! mon père...

CATHERINE, *apercevant le gâteau*. Monsieur... et tenez, encore ça... un dôme des Invalides... quoi!..

LE CAPITAINE, *bas à Catherine*. Mais paix donc!.. (*Embrassant Henriette.*) Bonjour, mon enfant...

CATHERINE, *qui a soulevé le chapeau*. Et du champagne!.. du champagne... ah! ciel de Dieu!

HENRIETTE. Mon père, que signifie?...

LE CAPITAINE. Rien, rien, un caprice... l'idée de faire un extra.

CATHERINE. Une extravagance!..

TIMOLÉON, *bas à Catherine*. Ne l'agacez pas... ne l'agacez pas...

LE CAPITAINE. Bah! bah! laissez-la dire... j'aime ses escarmouches contre moi, elle a élevé ma fille, elle a gagné ses chevrons ici, elle a son-franc parler... ça m'amuse... une petite guerre à défaut de la grande... elle me rappelle nos vieux grognards.

CATHERINE. Hum! si je grogne, ce n'est pas sans raison...

HENRIETTE. Mon bon père, vous m'aviez tant promis...

LE CAPITAINE. Quoi? de ne plus fêter l'anniversaire de nos victoires et conquêtes?... sans doute...ça devenait onéreux... à cause de la quantité... mais passer l'arme au bras devant ton patron...

HENRIETTE Se peut-il, mon père? tout cela serait?..

LE CAPITAINE. Eh oui!.. parbleu, pour ta fête, puisqu'elle m'oblige à le dire...

CATHERINE, *à elle-même*. Pardine! les saints... pour dépenser ils ne lui manquent jamais... (*le capitaine la regarde*) il en inventerait plutôt!..

LE CAPITAINE. Catherine, ma mignonne, faites-nous le plaisir de nous affliger de votre absence, et d'aller à la cuisine rejoindre un volatile qui réclame toute votre attention.

CATHERINE. La dinde... c'est bon... c'est bon.

LE CAPITAINE. Vous croyez?... Charmé d'avoir deviné votre goût... vous en aurez votre part... (*A Henriette.*) Eh bien! Henriette est-ce que tu m'en veux encore?

HENRIETTE. Moi, mon bon père... puis-je vous en vouloir de m'aimer trop?..

LE CAPITAINE. Trop ..... eh! non, jamais assez... jamais autant que tu le mérites... Tiens, en te voyant si gentille, je te mangerais de baisers... je te... (*Après l'avoir embrassée, voulant cacher son émotion.*) C'est niais, n'est-ce pas, un vieux soldat en admiration devant son œuvre?..

TIMOLÉON, *d'un ton galant*. Admiration que je comprends... *

LE CAPITAINE. Eh! non, vous ne la comprenez pas... vous ne pouvez pas la comprendre... Comme les autres, ce qui vous plaît en elle, c'est une jolie figure, deux beaux yeux, une taille bien prise. (*Henriette veut lui fermer la bouche avec la main*) une main... (*il la montre*) tenez, en voyez-vous beaucoup comme celle-là?

TIMOLÉON. Il est sûr que tant de charmes...

LE CAPITAINE. Ne sont rien, rien du tout... moi, moi, ce que j'admire, voyez-vous?.. ce qui fait que je l'adore, c'est son cœur, tant de qualités, tant de vertus, de...

HENRIETTE. Mon père!..

LE CAPITAINE. Bien, bien, j'ai fini, ne te fâche pas... mais on veut (*regardant Catherine*) que je laisse passer un jour comme celui-ci... Allons donc, moi qui depuis si long-temps compte les instans, les minutes, et qui pour ce motif-là ne suis allé que ce matin seulement toucher mon trimestre échu depuis quinze jours...

CATHERINE. Qu'est-ce qu'il dit là?

HENRIETTE. Quoi, mon père?

LE CAPITAINE. Le payeur ne savait plus ce que ça voulait dire... il est vrai que je ne l'ai pas habitué à m'attendre... au contraire... (*A Timoléon.*) Mais je me connais, et comme j'avais mes vues, crainte d'accident...

Il continue de lui parler bas.

CATHERINE, *à Henriette*. Puisqu'il est en

* Timoléon, le Capitaine, Henriette, Catherine.

fonds, mamselle... ce billet échu... si demain votre dame vous ajourne encore.... Allons, un peu de courage...

HENRIETTE, *bas*. Tu crois?

CATHERINE, *bas*. Pardine, autant de sauvé...

LE CAPITAINE, *à Timoléon*. Oui, chez le tapissier... allons...

CATHERINE, *poussant Henriette*. Vite.... vite donc... il s'en va.

HENRIETTE, *bas*. Je n'ose...

CATHERINE, *bas*. J'oserai, moi... Monsieur...

LE CAPITAINE, *lui montrant le biscuit et le champagne*.) Allez à la cuisine et portez-y tout ça.

CATHERINE. Mais...

LE CAPITAINE. A la cuisine... (*A Henriette*.) Ne t'impatiente pas, bijou, je reviens dans l'instant.

CATHERINE. C'est que...

LE CAPITAINE. Puisqu'on vous dit qu'on revient... à cette cuisine!..

Le Capitaine sort par le fond avec Timoléon; Catherine les suit des yeux et pousse un soupir.

CATHERINE, *sortant par une porte de côté*. Si c'est comme ça qu'il compte marier sa fille!.. Pauvre innocente, va!

Elle a pris le biscuit et les bouteilles qu'elle emporte.

SCENE VIII.

HENRIETTE.

Mon bon père!... il est si heureux du plaisir qu'il me prépare... troubler ce bonheur-là en lui avouant mes embarras, mes chagrins... oh! non, je voudrais les cacher à lui, à tout le monde... et mon seul regret c'est que Clémentine les ait devinés... aussi, dans sa lettre d'hier, excellente amie, elle s'inquiète de moi, de mon sort qui doit enfin changer, dit-elle... Changer!... et comment?.. il est ce qu'il doit être, je ne puis, je ne veux pas en rêver un autre.... oh! non, et elle a beau m'annoncer la visite de son frère, de M. Alfred, je ne le recevrai pas... aussi bien, il m'aura oubliée depuis deux mois qu'elle est partie pour Rouen... M. Alfred!.. deux mois sans le voir, sans entendre parler de lui...

SCENE IX.

HENRIETTE, ALFRED.

ALFRED, *au fond, regardant autour de lui*. Elle est seule!... (*Haut*.) Mademoiselle Henriette!

HENRIETTE, *troublée*. Ciel!.. (*Se remettant*.) C'est vous, monsieur Alfred!

ALFRED. Oui, mademoiselle, moi qui depuis le départ de ma sœur n'avais osé braver votre défense indirecte... car je vous avais bien comprise quand vous m'aviez dit que vous ne receviez aucune visite...

HENRIETTE. Monsieur...

ALFRED. Oh! je ne m'en plains pas... au contraire, je vous en aurais estimée davantage si c'eût été possible; mais aujourd'hui, j'espère que vous me pardonnerez... car je viens vous annoncer un grand bonheur qui m'arrive.

HENRIETTE. Du bonheur!.. Ah! oui.... je sais par Clémentine... une cause importante que vous avez gagnée... et cela ne m'étonne pas...

ALFRED. Oh! mais ce n'est pas tout... cent fois mieux encore.

HENRIETTE. Il se pourrait?.. et Clémentine ne m'a pas appris...

ALFRED. Non... elle devait me laisser ce plaisir-là... car il s'agit du sort de toute ma vie.

HENRIEETE, *avec émotion*. Un mariage?

ALFRED, *qui l'observe*. Oui, mademoiselle... oui, un mariage!

HENRIETTE, *se contraignant*. Ah! c'est bien!.. c'est très-bien... je vous en félicite...

ALFRED. Puissiez-vous ne pas vous démentir quand vous saurez mon choix.... Oui, mademoiselle, c'était un complot, une conspiration, que ma sœur et moi avions tramés ensemble... car ma mère avait pour moi d'autres vues, et pour en triompher il ne fallait pas moins que l'adresse et l'amitié de Clémentine... Vous savez que ma mère l'avait accompagnée à Rouen, et quand je suis allé les rejoindre après le gain de ma cause, Clémentine venait de m'en gagner une autre qui me tenait bien plus au cœur... ma mère lui avait promis, pour ma récompense, de souscrire à mon choix, dès qu'elle aurait pu l'apprécier par elle-même.... et en effet je l'ai ramenée hier... elle est venue, elle a vu, et elle n'a plus hésité... elle est prête à vous nommer sa fille...

HENRIETTE, *dans la plus grande surprise*.

AIR : *Restez, restez, troupe jolie*.

O ciel! moi! sa fille! qu'entends-je?..
Rêve incroyable! inattendu!..

ALFRED, *jouissant de son émotion*.

Oui, cela vous paraît étrange!..
Car l'aveu de ma mère est dû
A tant de grâce et de vertu,
A votre ame héroïque et bonne!..
Et quand chacun les reconnaît,
Vous êtes la seule personne
Qui ne soyez pas du secret.

HENRIETTE. Elle m'a vue!.. où? quand donc?

ALFRED. Ici même... ce matin.

HENRIETTE. Ce matin!.. quoi?.. cette dame qui venait me commander une broderie?..

ALFRED. Et qui vous a fait tant de questions.

HENRIETTE. C'était madame Savery?

ALFRED. Elle-même, qui est sortie d'ici ravie, enchantée... oh! j'en étais bien sûr... Aussi, vous l'avouerai-je? moi qui attendais chez nous le résultat de cette épreuve, qui épiais à la fenêtre l'instant de son retour, quand elle est enfin rentrée, mon agitation s'est calmée... mon cœur ne battait plus... j'étais tranquille ; qu'aurais-je pu craindre?.. elle vous avait vue.

HENRIETTE. Ah! monsieur Alfred... que vous avez bien le cœur de Clémentine!

ALFRED. Et vous m'aimerez pour elle?

HENRIETTE, *tendrement*. Pour elle! oh! non...

ALFRED, *lui prenant la main*. Que je suis heureux!

SCENE X.

LES MÊMES *, LE CAPITAINE.

LE CAPITAINE. Eh bien! ne vous gênez pas!..

HENRIETTE. Mon père!

LE CAPITAINE. Non, non, continuez, camarade, que ce ne soit pas moi qui vous dérange.

ALFRED. Capitaine, je venais...

HENRIETTE. Mon père.... c'est M. Alfred...

LE CAPITAINE. Parbleu!... je le vois bien... j'ai l'avantage de reconnaître monsieur... (*avec défiance*) le frère d'une de vos amies de pension, n'est-ce pas?.. qui vient vous donner des nouvelles de sa sœur...

ALFRED. Pardon, capitaine... je suis ici pour mon propre compte.

LE CAPITAINE, *sévèrement*. Comment, jeune homme, vous osez?..

ALFRED. Oui, capitaine, j'ose vous avouer que j'aime, que j'adore Mlle Henriette.... et que ma mère et moi nous vous demandons sa main.

LE CAPITAINE, *surpris*. Hein!.. voilà qui est différent...Sa main... touchez là... vous êtes un brave garçon... Vous offrirai-je un petit verre?

* Henriette, le Capitaine, Alfred.

HENRIETTE, *tirant son père par l'habit*. Mon père...

LE CAPITAINE, *à Henriette*. Ah! c'est juste... la solennité de la chose... (*A Alfred.*) Nous verrons, jeune homme, et quand vous m'aurez donné des renseignemens sur votre état, votre famille...

ALFRED. Je suis avocat.

LE CAPITAINE, *à part*. Aïe!... un pékin!..

ALFRED. Je me nomme Savery, je suis le fils d'un de vos anciens compagnons d'armes.

LE CAPITAINE. Savery!.. Savery!.. attendez donc... j'ai connu un officier de ce nom-là... mort bravement à Champ-Aubert.

ALFRED. C'était mon père!

LE CAPITAINE, *lui serrant la main*. Le commandant Savery!.. ah! mon pauvre enfant... quel dommage qu'il ait été tué!... vous ne seriez pas avocat... Ah dam! c'est que lui il ne boudait pas... il ne connaissait que le sabre... et un bon vivant, ma foi! Nous avons débuté ensemble sous le colonel Lassalle, un luron, qui recrutait son régiment parmi tous les bons enfans de l'armée... Morbleu!... trouvez-m'en donc aujourd'hui qui entendent la charge au galop, la bombance et le reste, comme les houzards Lassalle?..

ALFRED. Oui... oui... je sais...

LE CAPITAINE. Votre père vous en a parlé?... il a dû vous en conter de belles.. Ah! ah! ce gaillard de Savery!... en avons-nous fait!... en Espagne surtout... Je me rappelle, à Grenade, un bal qui nous fut donné dans l'Alhambra...ces Andalouses.. de fières dulcinées... et ma foi!... (*Alfred fait apercevoir Henriette, il reprend d'un ton grave.*) Oui, jeune homme, votre père était un brave, un digne militaire... et ce titre-là, ça vaut toutes les fortunes.

ALFRED. C'est à peu près la seule qu'il m'ait laissée... car ma mère ne possède qu'une modeste aisance.

LE CAPITAINE. Que m'importe? est-ce que je vous le demande?...

ALFRED. Du reste, la profession que j'ai embrassée mène à tout aujourd'hui...

LE CAPITAINE. Oui... elle mène à la chambre... Nous autres, nous n'allions que dans toutes les capitales de l'Europe... mais c'est tout simple, sous un régime de bavards, les avocats...

Alfred fait un mouvement.

HENRIETTE, *qui s'en est aperçue, bas*. Mon père...

LE CAPITAINE, *se reprenant*. Bien entendu que je ne dis pas ça pour vous humilier... Tant mieux, au fait, si dans ce régiment-là on monte en grade plus vite que dans les nôtres ; et s'il ne faut que des phrases pour passer millionnaire, député, ministre... à vous la chance!...

ALFRED. Ainsi, capitaine, je puis espérer...

LE CAPITAINE. Un moment!... il n'y a ambition qui tienne quand il s'agit des sentimens de ma fille, et tant qu'elle n'a encore rien dit...

HENRIETTE, *baissant les yeux.* Mais, mon père...

LE CAPITAINE. Voyons... parle-nous franchement, sans détours... Où il y a de la gêne... et si le parti ne te convient pas...

HENRIETTE. Je dois...

LE CAPITAINE. Pas de devoir... rien que ton inclination... Une réponse positive.... accepté ou refusé, c'est l'un ou l'autre... dépêchons... Joue!... feu!...

HENRIETTE. Eh bien, mon père, c'est...

LE CAPITAINE. Refusé?

HENRIETTE, *vivement.* Non, l'autre!... c'est l'autre, mon père.

LE CAPITAINE. Enfin!... c'est heureux! Voilà bien les femmes!... il faut leur arracher de force ce qu'elles désirent le plus accorder... (*A Alfred.*) Allons, mon gendre, c'est conclu...

ALFRED. Permettez-moi, capitaine, d'aller porter à ma mère cette heureuse nouvelle...

LE CAPITAINE. Et vous lui annoncerez en même temps ma visite. Et à propos.... (*le tirant à part*) venez donc ici ce soir.... à neuf heures... heure militaire... vous verrez pourquoi... et vous n'en serez pas fâché... Si madame votre mère... (*se reprenant, d'un ton officiel*) si la commandante voulait aussi...

ALFRED. Je l'y déciderai...

LE CAPITAINE. Bien!... plus on est de fous... (*A part.*) Ça fera du moins une surprise pour Henriette.

Alfred baise la main d'Henriette, serre celle du Capitaine, et sort.

SCENE XI.

LE CAPITAINE, HENRIETTE.

LE CAPITAINE, *auprès de la porte, regarde Henriette d'un air pénétré, et lui ouvre ses bras.*) Eh! allons donc!...

HENRIETTE, *se jetant dans ses bras.* Mon père!...

LE CAPITAINE, *après l'avoir embrassée.* Tu es donc heureuse, hein? tu l'aimes.... sournoise, qui ne me le disais pas!... Mais je te pardonne, pourvu que tu sois heureuse... Ah! quel jour! Dieu! mon Dieu!... (*Essuyant des larmes.*) Que c'est bête de pleurer sur ses moustaches!... Allons, allons!... (*Appelant.*) Catherine! eh! Catherine...

CATHERINE, *avant de paraître.* On y va!...

LE CAPITAINE. Arrivez donc... la belle dolente... arrivez!...

SCENE XII.

LES MÊMES*, CATHERINE.

CATHERINE, *entrant.* Un moment! je réponds à quelqu'un pour une affaire.

LE CAPITAINE. Pas d'affaires aujourd'hui!... et voyons si vous serez encore de mauvaise humeur...

CATHERINE, *à elle-même.* Pardine... je n'en ai que trop le sujet. (*A Henriette.*) Mamselle, M. Duparc s'est présenté pour ce maudit billet.

LE CAPITAINE, *lui faisant faire volte-face.* Allons, qu'est-ce qu'elle veut à ma fille?

CATHERINE. C'est quelque chose de pressé...

LE CAPITAINE. Je vous ai dit... pas d'affaires!... écoutez-moi...

CATHERINE. Qu'est-ce qu'il y a donc?...

LE CAPITAINE. Il y a que vous ne ferez plus de jérémiades sur ce qu'elle reste si long-temps demoiselle... ce n'est pas pour dire, moi aussi parfois, je trouvais que c'était long... mais enfin... nous n'avons reculé que pour mieux...

CATHERINE. Plaît-il?... quoi, mamselle?

HENRIETTE. Oui, ma bonne Catherine, je me marie...

CATHERINE, *avec joie.* Là... je l'aurais gagé... Votre père a reçu la demande...

HENRIETTE. De M. Alfred!...

CATHERINE, *désappointée.* Bah!... l'avocat!..

LE CAPITAINE. Ah! dam!... il est sûr que de mon temps, sous le grand homme, ma fille aurait pu épouser un militaire.

CATHERINE, *entre ses dents.* Il ne manquerait plus que ca...

LE CAPITAINE. Hein?...

CATHERINE, *à qui Henriette a fait signe.* Rien!...

LE CAPITAINE. Mais puisqu'elle aime celui-là....

* Henriette, Catherine, le Capitaine.

CATHERINE, *à part.* Et que l'autre est en retard... Décidez-vous donc à parler à votre père... ce maudit billet...

HENRIETTE. Mon père...

SCENE XIII.

Les Mêmes, DEUX DEMOISELLES DE BOUTIQUE.

PREMIÈRE DEMOISELLE. Mlle Henriette Duhamel?

HENRIETTE. Me voici, mesdemoiselles.

LE CAPITAINE. Je sais ce que c'est. (*Aux demoiselles.*) Bonjour, mes petits anges... de la ponctualité... Bien! j'aime ça!... c'est le premier point de la discipline.

CATHERINE. Qu'est-ce que je vois là!... un mantelet!... une écharpe!... un chapeau à plumes et un manchon!... un manchon au cœur de l'été!..

HENRIETTE. Quoi! mon père!... il se pourrait!... vous auriez...

LE CAPITAINE. Résolu de dépenser aujourd'hui mes économies.

CATHERINE. Vous n'aurez pas eu de peine... tout ce qu'il y a de plus coûteux.

LE CAPITAINE. Tant mieux, il n'y a rien de trop beau pour ma fille. (*Faisant résonner son gousset.*) D'ailleurs tout sera payé rubis sur l'ongle... (*Il tire une poignée d'écus.*) La réserve n'a pas encore donné.

CATHERINE. A moins qu'il n'ait trouvé un trésor...

LE CAPITAINE. J'ai trouvé... l'arriéré de ma croix... Pouvais-je mieux l'employer?

CATHERINE. Allons, tout y a passé! il n'y a plus à y songer!...

LE CAPITAINE, *prenant le chapeau.* Joli, le bibi!... (*A Henriette.*) Tu vas me faire l'amitié de mettre tout ça pour que je te présente en grande tenue à mes amis...

HENRIETTE. Quoi, mon père!... y pensez-vous?...

LE CAPITAINE. Pourquoi pas?... est-ce que tu fais fi de mes cadeaux?...

HENRIETTE. Au contraire... ils sont trop riches... trop magnifiques.

LE CAPITAINE. Vrai! eh bien, va les mettre sur-le-champ.

Il jette pêle-mêle les habillemens à Catherine.

CATHERINE. Prenez donc garde... quelle tête!... Et le manchon, et le manchon aussi...

Elle sort avec Henriette.

LE CAPITAINE, *prenant les mémoires des demoiselles.*

Air *de l'Apothicaire.*

Ah çà! vous autres, nous disons?..
Jetant les yeux sur les mémoires.
De Rabelais c'est le quart d'heure,
Diable!.. des chiffres assez ronds!..
Mais si j'y connais goutt', que j'meure!
Total, deux cent soixant' francs! (*Etonné.*) Bah!
Se grattant l'oreille.
J'peux dir', sans êt' dans les avares,
Qu' pour ces jolis brimborions-là
On aurait pas mal de cigares.
Pour ces jolis brimborions-là, etc.

Sans compter les demi-tasses... Mais pour ma fille!... mon Henriette... ça passe avant tout... (*Payant.*) Tenez... tenez, mesdemoiselles. (*Il déchire les mémoires.*) Et n'en parlons plus... serviteur de tout mon cœur... (*Il reconduit les demoiselles, on frappe à la porte de communication.*) Hein! qu'est-ce que j'entends là?

Il va ouvrir.

TIMOLÉON, *en dehors.* Ouvrez, ouvrez, capitaine, c'est moi.

LE CAPITAINE, *ouvrant.* Tiens, c'est vous?

SCENE XIV.

LE CAPITAINE, TIMOLÉON.

TIMOLÉON, *entrant.* Moi-même... par la porte de communication, c'est commode. Je vous ai fait attendre... c'est qu'il y avait chez mon oncle, notre cousin le général, qui voulait m'emmener chez l'ambassadeur portugais... à une soirée que je ne regrette pas...

LE CAPITAINE. Me voilà sous les armes... ma fille sera prête dans un instant, on peut arriver quand on voudra.

TIMOLÉON. Je viens déjà de rencontrer quelques invités, que le portier, suivant nos instructions, avait envoyés par là.

LE CAPITAINE. Alors, dépêchons; je ne veux pas faire attendre ces vieux amis.

TIMOLÉON, *à part.* Oui... un tas d'invalides... les débris de la grande armée.

Catherine apporte des flambeaux.

LE CAPITAINE, *allant pour sortir.* Ah! Catherine...dégourdissez-vous, ma chère..

CATHERINE. Eh! pardine, je me dégourdis assez

LE CAPITAINE. Voilà le moment... des fournées de gâteaux...et du punch, comme s'il en pleuvait!

Il sort avec Henriette par la porte de communication, Timoléon les suit.

CATHERINE, *les suivant des yeux.*

Air *du vaudeville du petit Courrier.*

Quelle tête!.. il a peur, je crois,
Que son bien n'aill' pas assez vite,
Et tous ces grugeurs qu'il invite,
Il faudra que j'les serve, moi!..
Avec colère.

J'enrag'... mais puisqu'on me l'ordonne,
J' n'aurai qu'la consolation
D' leur en offrir tant qu'ça leur donne
Une bonne indigestion.

Elle sort par la cuisine ; musique hors de la scène.

SCENE XV.

ALFRED, Mme SAVERY.

ALFRED, *entrant par le fond*. Venez, venez, ma mère... c'est là... j'en suis sûr...

Mme SAVERY. Mais le portier !...

ALFRED. Se sera trompé en nous indiquant l'appartement voisin... moi qui sors d'ici.

Mme SAVERY. En effet... oui... voilà la chambre où je suis venue ce matin... où j'ai trouvé ton Henriette au travail... car c'est là ce qui m'a touchée. Cette vie d'ordre, d'économie, dans une retraite si solitaire. (*On entend de grands éclats de rire.*) Eh ! mais !... quels éclats de rire !... une porte ouverte !... du monde !... des militaires... qui prennent place au jeu...

ALFRED. Et c'est M. Duhamel qui leur fait les honneurs...

Mme SAVERY. Et dans pièce d'à côté, le son des instrumens... on danse...

ALFRED. J'aperçois Henriette... Ah !... j'y suis maintenant...

Mme SAVERY. Quoi donc ?...

ALFRED. Voilà ce qui m'explique l'air mystérieux du capitaine en me faisant son invitation pour ce soir... sans doute une réunion d'amis, de parens... Mais je cours chercher Henriette, la prévenir que vous êtes là...

Mme SAVERY. Pour gêner son plaisir... elle se croirait obligée... Au contraire, danse avec elle...

ALFRED. Et vous !...

Mme SAVERY. Moi, j'attendrai ici... Je causerai avec le père... Va... va donc...

ALFRED, *lui baisant la main*. Ah ! que vous êtes bonne !....

Il sort par la porte de communication.

SCENE XVI.

Mme SAVERY, *seule*.

Bonne ! et je vais être blâmée de lui laisser faire ce qu'on appelle un mauvais mariage... Ah ! si je n'avais eu que cette crainte-là... Mais il en était une autre, dont je n'osais le rendre confident ; car pour la lui faire comprendre il aurait fallu lui avouer ce que j'ai souffert dans mon ménage... et mon fils ne doit connaître de son père que ce qui lui rend sa mémoire honorable. D'ailleurs toutes mes préventions se sont dissipées à la vue de cette jeune fille... Tant de douceur, de vertus modestes !... Que faut-il de plus pour garantir à mon Alfred un intérieur toujours régulier et paisible ? (*On entend chanter.*) Ah ! mon Dieu !.... ce bruit !.... ces chants !....

Elle remonte le théâtre, et pendant les scènes suivantes reste sans être vue.

SCENE XVII.

Mme SAVERY, TIMOLÉON, *et ensuite* CATHERINE.

TIMOLÉON, *sortant de la porte de communication*. Fument-ils !.... jurent-ils en jouant !... Pouah !... une vrai tabagie. Ah ! si la fille n'était pas si jolie !...

CATHERINE, *sortant de la porte de communication*. C'est bon !... c'est bon !... (*A elle-même.*) Oui... prends garde que je t'en rapporte !... quel gaspillage !...

Mme SAVERY, *à part*. Voilà qui est étrange !...

TIMOLÉON, *à Catherine*. Dame Catherine, un mot... une commission pour Mlle Henriette... Dites-lui de ne pas s'inquiéter pour son billet....

CATHERINE, *étonnée*. Quel billet !.... comment ?...

TIMOLÉON. Eh oui !... un de mes fournisseurs, Duparc, que tout-à-l'heure sur l'escalier j'ai rencontré sortant d'avec vous... Il m'a tout dit... Ces cent écus.... cet effet déjà en retard, et que Mlle Henriette ne pouvait pas encore lui payer, il était furieux... il parlait de protêt, d'assignation...

Mme SAVERY. Qu'entends-je ?..

CATHERINE, *effrayée*. Bonté de Dieu !...

TIMOLÉON. Rassurez-vous... n'étais-je pas là ?... J'ai payé, moi...

CATHERINE. Vous !...

TIMOLÉON. Les cent écus... et je me suis fait mettre l'acquit au dos...

Des chevaliers français, tel est le caractère.

LE CAPITAINE, *en dehors*. Catherine !... Ohé !... la vieille !...

CATHERINE. Il vient ! (*A Timoléon.*) Pas un mot du billet devant lui...

LE CAPITAINE, *à Catherine*. Eh bien ! vieille sorcière !... faut-il que je m'égosille ? Où est le punch ?...

CATHERINE. Pardine... (*faisant le signe d'avaler*) où vous l'avez mis. Il n'y en a plus...

LE CAPITAINE. Cette raison!... laissez donc... Apprenez que, quand il n'y en a plus... il y en a encore!... il y en a toujours!... (*Lui donnant sa pipe et son verre, et cherchant dans ses goussets.*) Ah çà!... ah çà!... Mais! mais! mais! mais! Ah! voici!.... C'est, ma foi, pas malheureux (*montrant un napoléon*) que ce gaillard-là se soit égaré dans mon gousset... il paraît que c'est le dernier...

CATHERINE. Le dernier depuis ce matin! vous avez dépensé...?

LE CAPITAINE. Sept cent soixante-quatorze francs quarante-trois centimes... pas un sou de plus....

Mme SAVERY, *à part.* O ciel...

LE CAPITAINE, *se retourne et l'aperçoit.* Hein?.... Tiens!.... une dame!... Connais pas... (*Allant à elle.*) Madame, à qui ai-je l'honneur..?

Mme SAVERY. Madame Savery...

LE CAPITAINE, *avec empressement.* Ah! soyez la bien venue... Vous arrivez à propos... Où donc est votre fils?...

Mme SAVERY. Dans le salon...

LE CAPITAINE. Près de sa future... Trop juste... Qu'est-ce que je pourrais vous offrir, commandante?... Ah! mon Dieu!... plus de punch!... Là... vous voyez, Catherine, allez donc, faites-en venir... tout ce qu'il y a de meilleur... au kirsch...

Mme SAVERY. Permettez...

LE CAPITAINE, *se reprenant.* Non !u rack... allez... allez...

CATHERINE, *en sortant.* Ah! quelle tête!... quelle tête!... il n'en changera pas!...

Elle sort par le fond.

SCENE XVIII.

LE CAPITAINE, Mme SAVERY.

LE CAPITAINE. Parbleu!... commandante, je me réjouis de l'occasion de connaître la veuve d'un ancien frère d'armes... (*A part.*) C'est qu'elle n'est pas encore trop... pour une veuve!.. (*Haut.*) Donnez-vous la peine d'entrer là-dedans... Vous y serez en pays de connaissance... tous amis du défunt... des Roger Bontemps.... un peu en gaîté... Mais vous devez être faite à ça... Quand le camarade s'y mettait de son vivant... (*Faisant le geste de tout bouleverser.*) Eh! allez donc!... moi aussi... J'ai tout son caractère...

Mme SAVERY. Je m'en aperçois...

LE CAPITAINE. Nous vous rappellerons le bon temps... Je les amènerai souvent dîner avec nous chez ma fille... En attendant, si vous voulez prendre mon bras....

Mme SAVERY. Merci, capitaine; nous avons le temps.

SCENE XIX.

LES MÊMES, ALFRED, HENRIETTE.

HENRIETTE. Ah! M. Alfred, je vous en veux.... ne m'avoir pas avertie plus tôt...

ALFRED. C'était l'ordre de ma mère... Mais tenez, la voilà!

HENRIETTE. Madame...

Mme SAVERY. Ma chère enfant...

LE CAPITAINE. C'est ça, Henriette... embrasse-moi ta belle-mère... Du sentiment, sur l'air (*fredonnant*)... de la piété filiale...

HENRIETTE. De grâce, mon père...

LE CAPITAINE, *bas.* Suffit...

Mme SAVERY, *à part.* Pauvre jeune fille!.. c'est malgré elle...

HENRIETTE. Madame, combien j'ai à vous exprimer de reconnaissance!...

Mme SAVERY, *l'interrompant.* Non, mon enfant, non!... ne m'en dites pas un mot.

Les invités entrent en dansant le galop.

LE CAPITAINE, *les regardant.* Bravo, mes amis!... C'est bien ça, morbleu!... et nous allons recommencer.

TOUS. Oui! oui! le galop!...

LE CAPITAINE. Je vais vous donner l'exemple. (*Présentant la main à Mme Savery.*) Commandante...

Mme SAVERY. Pardon, capitaine... mais il faut que je me retire...

LE CAPITAINE, *à Mme Savery.* Bah!... Pas du moins avant que j'aie officiellement annoncé le mariage. (*Haut.*) Mes amis... apprenez que ma fille...

Mme SAVERY, *l'arrêtant, bas.* Pas encore!... Demain j'aurai l'honneur de vous écrire...

LE CAPITAINE, *à lui-même.* Ah! oui!... pour la demande en forme... l'étiquette... (*Aux invités, dont le nombre augmente.*) Ah çà! vous autres, est-ce que nous ne boirons pas le coup de l'étrier?.. Où est donc cette flâneuse de Catherine?...

SCENE XX.

LES MÊMES, TIMOLÉON, *avec un bol de punch*, CATHERINE, *le suivant avec un plateau garni de verres.*

TIMOLÉON. Voilà le punch!... voilà le punch!...

LE CAPITAINE. Bravo! avancez ici, au centre!...

Il veut le faire avancer

TIMOLÉON, *lui échappant.* Prenez donc garde ! c'est que je me brûle.

Il pose le bol sur la table, le Capitaine verse du punch dans les verres, tous les invités en prennent.

LE CAPITAINE. Allons, mes amis! pour notre dernier coup, à la mémoire du grand homme!

TOUS. Oui ! oui ! à la mémoire du grand homme!

ENSEMBLE.

AIR : *Partageons son butin.*

LE CAPITAINE, TIMOLÉON, LES MILITAIRES.

A ce nectar brûlant,
Amis, rendons gaîment
Hommage en vous quittant;
Oui, buvons à plein verre;
Ici renouvelons
Le souvenir prospère
Des temps de garnison.
Versez, versez, buvons, buvons!
Vive un moment d'ivresse!
Par son illusion,
On reprend la jeunesse
En perdant la raison.

LES DAMES INVITÉES.

Il se fait tard vraiment;
La prudence défend
De rester maintenant;
Que prétendez-vous faire?
Nous vous en conjurons,
Loin de boire à plein verre,
Allons-nous-en, partons;
Il en est temps, venez, partons;
Il faut, avec sagesse,
Regagner la maison,
Et surtout de l'ivresse
Sauver votre raison.

ALFRED, HENRIETTE, Mme SAVERY, CATHERINE.

Quoi! du punch à présent!
Ils vont, c'est effrayant,
Se faire mal vraiment;
Toujours un militaire,
Sans gêne et sans façon,
S'il peut boire à plein verre,
Se croit en garnison,
Se croit encore en garnison;
Aucun de la sagesse
N'écoute la leçon.
Mais cachons la tristesse,
Il le faut par raison.

Tous les invites sortent sur la ritournelle.

SCENE XXI.

LE CAPITAINE, HENRIETTE, CATHERINE.

LE CAPITAINE. Eh bien! fillette! une fameuse journée! Avons-nous bien dansé?...

HENRIETTE. Oui, mon père...

LE CAPITAINE. Mais tu ne t'es pas trop fatiguée... A la bonne heure!... et maintenant embrasse-moi et va te reposer...

HENRIETTE, *l'embrassant.* Bonne nuit, mon père...

LE CAPITAINE. Bonne nuit, chérie...

CATHERINE, *à Henriette, qui va entrer dans sa chambre.* Je vas vous aider, mamzelle, et mettre tout cela en ordre.

HENRIETTE. Non, ma bonne... pas avant demain matin... Je n'ai pas besoin de toi, et tu dois être lasse... couche-toi bien vite, je l'exige... A demain.

Elle rentre.

SCENE XXII.

LE CAPITAINE, CATHERINE.

LE CAPITAINE. C'est dommage que ça ait fini sitôt... Je me sentais en bonnes dispositions...

CATHERINE. Comme toujours... gros sans-souci, va!...

LE CAPITAINE. Hein?...

CATHERINE. Rien!...

LE CAPITAINE, *regardant au fond du bol.* Tiens! il est resté du punch... (*Il remplit un verre.*) Catherine?

CATHERINE. Monsieur...

LE CAPITAINE. Buvez-moi ça...

CATHERINE. Je n'ai pas soif...

LE CAPITAINE. Cette bêtise!... (*Il vide le verre.*) Allons, je vais me fourrer entre deux draps... (*Bâillant.*) C'est drôle... après une fête... quand on se trouve seul et tranquille... c'est comme après une bataille .. ça laisse un vide... ça fait froid...

CATHERINE, *qui a tout rangé.* Voilà votre bougeoir.

Elle le lui donne.

LE CAPITAINE. Ah! bah! puisque nous recommençons un de ces jours...

CATHERINE, *d'un air inquiet.* Hein! quand donc?...

LE CAPITAINE. Eh bien ! la noce d'Henriette...

CATHERINE, *rassurée.* Ah! oui, sa noce! heureusement...

Musique en sourdine.

LE CAPITAINE, *à la porte de la chambre de sa fille.* Dors bien, fillette, entends-tu? dors bien!...

HENRIETTTE, *de sa chambre.* Merci, mon père!...

Le capitaine et Catherine sortent.

SCENE XXIII.

HENRIETTE.

Musique pendant toute cette scène.

Aussitôt qu'ils sont sortis, elle ouvre doucement sa porte et paraît en toilette de nuit, un dessin de broderie et une lampe à la main; elle écoute un instant aux deux portes du capitaine et de Catherine, pose sa lampe sur la table, l'arrange, se place devant son métier et se met à travailler. La toile tombe.

ACTE DEUXIÈME.

Même décoration.

SCENE PREMIERE.

HENRIETTE, *endormie*, CATHERINE.

CATHERINE, *sortant de la cuisine, sans voir Henriette.* Ouf!.. je ne peux pas ouvrir les yeux!.. je n'ai rêvé toute la nuit que d'un tas de militaires qui me faisaient de force boire du punch!... fumer des cigarres... chanter... danser... oui, je dansais avec un manchot et une jambe de bois!... c'est-il, ça un cauchemar!... j'en suis toute moulue!..

Air *de Partie et Revanche.*

Le bal autrefois sut me plaire,
Dans mon temps, sans m'lasser jamais,
Grâce à ma taill' svelte et légère,
Pendant des heures je valsais.
Mais c'te nuit c'n'était qu'un mensonge,
Dont je me plains avec raison,
Car, hélas! je n' valsais qu'en songe,
Et je m' fatiguais tout de bon.

Mais c'est égal, je voulais être sur pied avant tout le monde, car j'en aurai au moins pour deux jours à remettre en place tout ce qu'on m'a bouleversé dans une soirée... Mamzelle dort encore, ce cher ange!... ne faisons pas de bruit!... (*Apercevant Henriette.*) Ah! mon Dieu!...

HENRIETTE, *se réveillant en sursaut.* Hein?... ah! c'est toi, ma bonne?... déjà!...

CATHERINE. Déjà... plus tard que vous!... y a-t-il du bon sens?... après une nuit pareille, vous être levée au petit jour!... (*Voyant la lampe près de s'éteindre.*) Non!... cette lampe... vous ne vous êtes pas couchée!... fi!... c'est affreux!...

HENRIETTE. Voilà tout ton bonjour?...

CATHERINE. Oui!... je vous en veux de vous tuer en veillant comme ça.....

HENRIETTE. N'en sais-tu pas la cause?... et surtout après la confidence que tu es venue me faire dans le bal.....

CATHERINE. Ah! oui! de la part de M. Timoléon, pour vous tranquilliser...

HENRIETTE. Oh! je n'osais plus regarder Alfred... j'avais honte de danser... j'aurais voulu que tout le monde s'en allât... oui... jusqu'à lui-même... pour venir me mettre au travail.

CATHERINE. Pourquoi donc ça?... M. Timoléon a tant de délicatesse!...

HENRIETTE. A la bonne heure... mais je ne veux pas en avoir besoin, et, grâce à Dieu, tu pourras lui reporter son argent ce matin...

CATHERINE. Vous auriez fini?...

HENRIETTE. Encore quelques points...

CATHERINE. C'est à ne pas le croire... (*Regardant.*) Si fait... si fait... il ne faut que vous regarder... toute pâle... toute défaite... ah! mamzelle...

HENRIETTE. Allons, ne te fâche pas... viens plutôt là, viens donc... regarde.....

CATHERINE. Ah! c'est merveilleux.... vous travaillez comme une fée...

HENRIETTE. Tu trouves?...

CATHERINE. Oui; mais assez de merveilles comme ça... et sitôt la noce faite.....

Air : *J'en guette un petit.*

Sûr' qu'au besoin vous n' serez plus en proie,
Je démolis, et sans quartier,
Ce métier-là, pour faire un feu de joie.

HENRIETTE.

Ciel! que dis-tu?... mon cher métier!
Ah! je t'en garderais rancune;
Comment peut-on vouloir ainsi
Se séparer d'un vieil ami,
Qui nous soutint dans l'infortune?

CATHERINE. Vous voudriez encore...?

HENRIETTE. Oh!... à mon aise, il est vrai, et dans les grandes occasions... par exemple, pour faire de petits cadeaux à ma belle-mère, à Clémentine, à qui je devrai tant!... et puis pour épargner les frais de ma toilette; car, vois-tu bien, ma bonne, d'après ce que j'ai su de Clémentine, Mme Savery n'est pas aussi riche qu'on le pense... son mari avait un peu dérangé sa fortune, et je ne veux pas qu'elle puisse me reprocher d'en faire autant avec son fils... Enfin... ne fût-ce que pour me fournir en secret le moyen de procurer quelques agrémens à mon père...

CATHERINE. C'est ça!.. vous travaillerez encore pour tout le monde... comme à présent... pour changer!...

HENRIETTE, *se levant.* J'ai fini... vite... Catherine... mon chapeau, mon schall...

CATHERINE. Vous iriez tout de suite?...

HENRIETTE. Jamais assez tôt... vois-tu, jusqu'à ce que je me sois délivrée de cette dette... je ne respire pas... je n'existe pas... j'éprouve un serrement de cœur... comme s'il allait m'arriver quelque malheur imprévu... moi, qui ai tant de sujets de me trouver heureuse! aussi, comme je vais l'être à mon retour!...

SCENE II.

LES MÊMES, LE CAPITAINE, *sortant de la chambre.*

LE CAPITAINE. Hum!... hum!... ah!... déjà levées!...

HENRIETTE. Mon père!....

LE CAPITAINE. Bonjour, cher ange.

HENRIETTE, *l'embrassant.* Bonjour, mon père; avez-vous bien dormi?...

LE CAPITAINE. Mais oui, pas mal.

CATHERINE, *à part.* Je crois bien, il ronflait...

LE CAPITAINE, *à Henriette.* Et toi?...

CATHERINE, *au capitaine.* Ah çà!... vous n'y voyez donc pas clair?..

LE CAPITAINE. Hein?... (*Regardant sa fille.*) Mais en effet... cette mine... ces yeux abattus!... et ta main est brûlante... serais-tu malade?...

HENRIETTE. Moi!...

LE CAPITAINE. Vite!... le médecin!... je cours... je vais...

HENRIETTE. Demeurez!...

LE CAPITAINE. Par exemple!... * ma fille!..... mon Henriette!..... je veux savoir ce que tu as...

CATHERINE. Ce qu'elle a?... c'est bien malin à deviner... quand on a passé une partie de la nuit...

Elle s'arrête sur un regard d'Henriette.

LE CAPITAINE. A danser... c'est juste!... tu te seras trop fatiguée...

HENRIETTE. Oui, mon père... oui, c'est cela...

LE CAPITAINE. Et voilà ce que je n'entends pas... ce qui est très-mal... (*S'asseyant.*) Venez ici, mademoiselle, venez un peu, que je vous gronde... (*Il la fait asseoir sur ses genoux.*) Qu'est-ce que ça signifie ça... de n'écouter que son plaisir, de ne pas savoir se commander?... Que diable! à votre âge, on devrait avoir de la raison.

CATHERINE, *à part.* Allons... v'là qu'il lui fait de la morale, à cette heure!...

HENRIETTE. Oui, mon père.

LE CAPITAINE. Oui, mon père... vous dites toutes ça... et puis au premier coup d'archet, brzt!... vous voilà parties... et une fois lancées... impossible de vous retenir... Une autre fois, tu y prendras garde, n'est-ce pas?... mon amour? pour ne pas faire de chagrin à ton père?... tu me le promets?... bien sûr?... Alors faisons la paix et baise-moi... (*Il l'embrasse.*) Vois-tu, premier principe, il faut s'amuser modérément et tranquillement... (*Elle lui apporte son tabac et sa pipe.*) Tiens, moi, par exemple, avec ma pipe et une livre de virginie... merci... (*elle lui apporte un flacon*) et un flacon comme celui-là, eh bien!... je passe ma journée à la douce... sans me fatiguer... parce que je me raisonne.

CATHERINE, *à part.* Veut-il pas que cette jeunesse prenne des pipes et du cognac?... il vous a des idées!...

LE CAPITAINE, *se versant un petit verre.* A votre santé... à ton prochain mariage, fillette...

CATHERINE. Son mariage!... si c'est comme ça que vous vous en occupez!...

LE CAPITAINE. Patience donc!... laissez-moi le temps d'ouvrir les yeux.

Il boit.

CATHERINE. Il appelle ça ouvrir les yeux...

LE CAPITAINE, *à Henriette.* Ce matin, tu m'accompagneras chez Mme Savery... elle m'a dit qu'elle m'écrirait, mais je veux la devancer... ça sera plus poli... nous irons lui rendre la visite qu'elle nous a faite hier... hein?... ça ne te contrariera pas, j'imagine?... ainsi tiens-toi prête pour midi, je reviendrai te prendre.

CATHERINE. Vous allez sortir?...

LE CAPITAINE. Avec votre permission. (*A Henriette.*) Un déjeuner de camarades...

CATHERINE, *voulant ôter le flacon.* Alors il est fort inutile...

LE CAPITAINE. Halte-là... au large!... allez plutôt donner un coup de brosse à ma capote neuve. (*Catherine sort. A Henriette.*) Il s'agit de faire nos adieux au lieutenant Meyrand, qui part pour l'expédition de Portugal... c'est le grade de chef d'escadron qui l'a séduit... la grosse épaulette!... (*avec enthousiasme*) c'est si beau! mais tout ça ne me tente plus... S'il était marié comme moi....

AIR *d'Aristippe.*

Il aurait p't-être aussi maint'nant une fille
Jolie et bonn'; bref, premier numéro!
Et, câliné, choyé dans sa famille,
Du Portugal laissant là le drapeau,
Il souhait'rait bien l'bonsoir à don Pedro.
Oui, quelqu's attraits que présent'la victoire,
Il est un bien préférabl', je le vois;
Et l'on n'va pas si loin chercher la gloire,
Tendant la main à Henriette.
Quand on trouv'là le bonheur près de soi.

Henriette met son schall et son chapeau.

* Catherine, Henriette, le Capitaine.

Où vas-tu donc?..

HENRIETTE. Reporter ce voile à Mme de Rinville.

LE CAPITAINE, *se levant.* Ah!.. oui... je sais... la rue d'à côté... C'est égal... de si bonne heure... enveloppe-toi donc mieux au moins... parce que l'air du matin... là... et prends par ici... l'escalier de derrière... c'est le plus court.

HENRIETTE. Que vous êtes bon!..

LE CAPITAINE. Sans adieu, cher ange...

SCENE III.

LE CAPITAINE, *seul.*

Certainement, oui, que si ce brave Meyrand avait un trésor comme celui-là, il ne pourrait jamais prendre sur lui de s'en séparer pour une grosse épaulette... même pour deux!.. Ah çà! mais pendant que j'y pense!.. M. Timoléon, qui, pour nous, a manqué hier sa soirée de l'ambassadeur de Portugal... il ne sait peut-être pas encore ce que Meyrand y avait appris avant de venir ici... En descendant, j'entrerai chez ce jeune homme, lui annoncer que le départ a été avancé par une dépêche et doit avoir lieu aujourd'hui... une bonne nouvelle, qui lui fera plaisir!.. (*On frappe vivement.*) Hein?.. une visite bien matinale!.. (*On frappe plus fort.*) Un instant donc!.. il paraît qu'ils sont pressés.

Il va ouvrir.

SCENE IV.

LE CAPITAINE, ALFRED.

ALFRED, *égaré, en désordre.* Ah! monsieur!.. ah!.. capitaine... pardon! pardon!..

LE CAPITAINE. Vous voilà, jeune homme!.. par exemple... si j'attendais quelqu'un à présent, ce n'était pas vous.

ALFRED. Oui... je sens bien... je ne le conçois que trop... mais soyez généreux... indulgent... daignez m'entendre avant de m'accabler de vos reproches!..

LE CAPITAINE, *à part.* Des reproches!.. ah çà!.. qu'est-ce qu'il y a donc?.. (*Haut.*) Il est vrai que vous venez un peu matin, mais...

ALFRED. Ah! c'est que j'étais si troublé... si hors de moi!.. Henriette!.. chère Henriette!.. que pense-t-elle en ce moment?.. que va-t-elle me dire?

LE CAPITAINE. Henriette, elle est sortie!.....

ALFRED. Sortie!.. ah! je respire!

LE CAPITAINE. Hein?.. (*A part.*) Décidément la tête... (*Haut.*) Voyons, voyons, jeune homme, expliquons-nous...

ALFRED. Oui, monsieur... oui, avec vous seul... c'est la grâce que j'implore... c'est pour cela que je suis accouru précipitamment dès que ma mère m'a eu confié une démarche qui me met au désespoir...

LE CAPITAINE. Au désespoir!.. vous!..

ALFRED. Pourriez-vous en douter!... ces odieuses conditions, Henriette n'a-t-elle pas dû se dire que mon cœur était incapable de les imposer au sien!.. que la lettre de ma mère a été envoyée ce matin à mon insu... que je n'y suis pour rien... que je la désavoue?..

LE CAPITAINE. Comment? comment?.. quelle lettre?..

ALFRED. Quoi!.. vous ne l'avez pas déjà reçue?..

LE CAPITAINE. Eh! non!..

ALFRED. Ah! Dieu soit loué!.. j'aurai devancé le domestique de ma mère... et il en est temps encore... je cours l'attendre, l'arrêter au passage... retirer de ses mains...

Fausse sortie.

LE CAPITAINE, *l'arrêtant.* Doucement!.. doucement!.. jeune homme... ceci a l'air plus sérieux que je ne supposais... quelles sont donc ces conditions dont vous me parliez là, tout-à-l'heure?..

ALFRED. Ah! ne me les demandez pas!.. puissent-elles rester toujours ignorées de vous... et surtout d'Henriette! oui... si malgré mes efforts, cette lettre arrivait, je vous en conjure, ne l'ouvrez pas, jetez-la au feu!..

LE CAPITAINE. C'est donc quelque chose de bien effrayant?..

ALFRED. Non, non... ma mère a cédé à une prévention injuste, éveillée par des souvenirs, des rapprochemens que j'ai compris malgré son silence.... mais cette prévention, je ne la partage pas, je saurai la combattre, en triompher... ma mère ne pourra résister à mes prières, à mes supplications... et après tout... ne suis-je pas majeur... maître de ma main?..

LE CAPITAINE. Qu'est-ce à dire? Mme Savery... s'opposerait au mariage, et vous ne pourriez l'accomplir que malgré elle?..

ALFRED. Oh! ce serait affreux sans doute... et hier encore, j'aurais sacrifié à l'obéissance que je lui dois le bonheur, de ma vie entière... mais aujourd'hui elle ne peut exiger que je lui sacrifie mon bonheur; et puisque vous avez accueilli ma demande, puisque Henriette a reçu mes sermens...

LE CAPITAINE. Eh! morbleu! il s'agit bien de cela!.. ce qu'il faut me dire... ce que je veux savoir, c'est la pensée de votre mère... c'est...

ALFRED. Jamais!.. jamais!..

LE CAPITAINE, *le retenant.* Restez!..

ALFRED. Ne me retenez pas... (*lui serrant les mains*) capitaine!.. mon père!.. adieu! adieu!..

Il s'échappe.

SCENE V.

LE CAPITAINE, CATHERINE, *apportant la capote.*

CATHERINE, *voyant sortir Alfred.* Tiens!.. c'est le gendre!.. ah! mon Dieu! cette mine renversée!..

LE CAPITAINE, *à part.* C'est un honnête homme, ce garçon-là!.. mais ce mystère!.. ces conditions qu'il veut me cacher... qu'est-ce que ça peut être?

CATHERINE. Monsieur, voilà votre capote...

LE CAPITAINE, *sans la voir.* Serait-ce parce que ma fille est trop pauvre pour eux?.. parce qu'elle n'a pas de dot?.. car, au fait, je n'y avais pas pensé! je ne lui en donne pas, c'est humiliant... la fille du capitaine Duhamel... (*Avec énergie*) Eh bien!.. si morbleu!.. elle en aura une!... ma demi-solde... la pension de ma croix... tout pour elle... oui, tout!.. moi, dans une mansarde, dans un grenier... que m'importe?.. pourvu qu'elle soit heureuse!.. et que je la voie tous les jours!...

CATHERINE. Qu'est-ce que tout ça veut dire?... monsieur...

LE CAPITAINE. Oui, c'est ça... rien de plus facile à arranger... une cession... un acte en bonne forme...

AIR : *de Paris et le Village.*

Que j'suis heureux d'avoir dans l' temps
Reçu c'te blessure effroyable,
Qui m'fit endurer tant d' tourmens,
Et faillit m'envoyer au diable!
Elle m' valut mon grade et ma croix,
Dont j' touche un' somme assez gentille;
Et mes souffrances d'autrefois
Vont aujourd'hui doter ma fille,
Oui, mes souffrances d'autrefois, etc.

Allons, allons, il faut que cette affaire se vide sur-le-champ. (*A Catherine.*) Ma capote... ma capote donc!

CATHERINE. La voilà, monsieur...

LE CAPITAINE. Donne.

CATHERINE, *à part.* Qu'est-ce qu'il y a donc?... en sortant tout-à-l'heure... M. Alfred avait... une figure... une figure à événement.

LE CAPITAINE. Mon col... mon chapeau.

CATHERINE. Dites donc, monsieur... il n'y a rien de changé pour le mariage?.. il tient toujours... n'est-ce pas?

LE CAPITAINE. Eh! oui!.. parbleu!..

CATHERINE. Ah! je respire!.. votre gendre peut se vanter de m'avoir fait une jolie peur! d'autant que sa mère, hier au soir, avait l'air *contente* tout juste!.. Au fait... cette idée... que vous aviez eue de l'inviter dans une occasion comme ça?..

LE CAPITAINE. Et pourquoi donc pas?..

CATHERINE. Pardine!.. au milieu de ce bacchanale... de ce boulevari... c'était adroit!..

LE CAPITAINE. Allons donc! elle en a vu bien d'autres!.. avec son mari..

CATHERINE. Raison de plus..... pour qu'elle ne veuille pas en revoir autant... et j'ai bien cru que ce mariage-là tournerait comme l'autre... il y a deux ans...

LE CAPITAINE. Comment l'autre?..

CATHERINE. Eh! oui!.. celui de M. Deschamps avec mamzelle... qui se trouva rompu tout d'un coup...

LE CAPITAINE. Par Henriette!..

CATHERINE. Oui, elle vous l'a fait croire...

LE CAPITAINE. Croire... parce que ça était... elle n'aimait pas ce prétendu-là.

CATHERINE. Pas trop... c'est vrai... mais enfin... comme c'était un brave jeune homme, elle se serait décidée par raison à être sa femme, s'il ne lui avait pas imposé une condition...

Elle s'arrête.

LE CAPITAINE, *qui allait sortir, s'arrêtant.* Une condition? et quelle condition?

CATHERINE. Eh bien! il voulait que mamzelle promît de se séparer de vous aussitôt après...

LE CAPITAINE. Se séparer de moi?... ma fille!.. et pourquoi ça?

CATHERINE. Pourquoi... ah dam! parce que la famille le voulait.

LE CAPITAINE. Sa famille le voulait?... Ah çà! que signifie tout ce radotage?

CATHERINE. Radotage!.. radotage tant qu'il vous plaira, toujours est-il vrai que vous avez vos goûts, vos habitudes; faut être juste; ça n'est pas rassurant... n'y a guère de parens qui laisseraient leur fils se charger d'un beau-père comme vous...

LE CAPITAINE. Un beau père comme moi!.. qu'est-ce que ça veut dire?

CATHERINE. Ça veut dire que votre caractère serait une ruine pour un jeune ménage, que vous y mettriez à chaque instant tout sens dessus dessous... c'est là ce qui effrayait tous les épouseurs... sans ça, il y a long-temps que mamzelle serait mariée.

LE CAPITAINE, *atterré, à part.* Il serait vrai?.. (*Haut.*) Malheureuse! vous le saviez, et vous ne me le disiez pas!...

CATHERINE. Mamzelle me l'avait tant défendu!.. car elle avait refusé net... par amitié pour vous, cette chère enfant... et elle se remit à travailler de plus belle.... mais il était temps que ça *finisse*, car elle n'aurait pas tenu à cette vie-là..... ça la tuait...

LE CAPITAINE. Vous dites?

CATHERINE. Je dis qu'à son âge passer toutes les nuits au travail...

LE CAPITAINE. Ma fille...

CATHERINE, *à part.* Ma foi, ça m'est échappé... tant pis! à présent où est le mal qu'il sache tout?

LE CAPITAINE. Au travail!.. les nuits!..

CATHERINE. Pardine!.. et celle-ci encore donc!.. v'là pourquoi vous l'avez trouvée si pâle et si abattue ce matin.

LE CAPITAINE. En effet!.. ah! mais pourquoi travaillait-elle ainsi?

CATHERINE. Cette demande!... mais vous ne faites donc attention à rien?.. Ils sont étonnans ces militaires!.. Comment aurait-elle pu vous laisser disposer tout seul de votre demi-solde si, pour faire aller la maison, elle ne s'était pas privée de tout plaisir, de toute distraction, et quelquefois même... du nécessaire!

LE CAPITAINE. Du nécessaire!.. Henriette... mon enfant!.. Misérable! tu me voyais être le bourreau de mon enfant, et tu te taisais... tu ne m'avertissais pas!..

CATHERINE. Ce n'était pas faute d'envie toujours; et si elle ne m'avait retenue, si elle ne m'avait priée à mains jointes....

LE CAPITAINE, *désespéré, tombant sur un fauteuil.* Henriette!.. Henriette!..

CATHERINE, *émue.* Eh bien! qu'est-ce qu'il vous prend?.. ce désespoir... l'essentiel est que mes paroles vous fassent prendre garde pour l'avenir, et alors je ne les regretterai pas... Voyons, voyons, ça n'a pas de bon sens aussi de s'affliger comme ça... puisque tout sera réparé... puisque grâce à leur mariage...

LE CAPITAINE. Son mariage.... il est rompu...

CATHERINE. Rompu!.. seigneur Dieu! et la cause?

LE CAPITAINE, *avec amertume.* La cause! ah! je la comprends maintenant!

CATHERINE. Moi aussi.... vous êtes..., vous êtes...

LE CAPITAINE. Silence!.. sortez!

CATHERINE. Mais...

LE CAPITAINE. Sortez, vous dis-je.... laissez-moi!

Catherine sort.

SCENE VI.

LE CAPITAINE.

Plus de doute!.. dans les conditions de Mme Savery, ce n'est pas d'une dot qu'il s'agissait... c'est de moi... de moi seul.... Et que résoudre, mon Dieu?.. car je connais Henriette... ce jeune homme aura beau vouloir l'épouser malgré sa mère, elle ne voudra pas en faire un mauvais fils... elle... elle... (*sanglotant*) la meilleure des filles!.. Ainsi donc, en échange de tant de dévouement, je l'aurais condamnée pour toujours aux larmes, à l'isolement, à la misère!.. ah! plutôt!.. (*frappé d'une idée sombre*) oui... puisqu'au lieu de contribuer à son bonheur... comme je le croyais, je n'y suis plus qu'un obstacle... eh bien! n'y a-t-il pas un moyen d'en finir? un parti qui aujourd'hui n'effraie plus personne, encore moins un soldat?... Malheureux! quel spectacle vas-tu préparer à ta fille, et quel présage pour son bonheur!.. crois-tu qu'elle voudrait d'un mariage acheté à ce prix-là?.. non, non... c'est à ton tour à lui faire des sacrifices, et tu lui en dois un, moins facile, qui te demandera plus de courage... c'est de vivre... et de vivre loin d'elle... Mais sous quel prétexte?.. comment la tromper?... prévenir ses refus, sa résistance? ah! j'ai beau chercher... n'importe, avant tout, il faut m'assurer du silence de Catherine... lui recommander...

SCENE VII.

LE CAPITAINE, TIMOLÉON.

TIMOLÉON, *à part, entrant par le fond.* Ah! le voilà!.. Dieu merci!.. c'est bien la première fois que j'aie désiré le rencontrer. (*Haut.*) Capitaine...

LE CAPITAINE, *se retournant.* C'est vous! bonjour... au revoir.... je n'ai pas le temps...

TIMOLÉON. Pardon... mais ce que j'ai à vous dire est très-pressé.

LE CAPITAINE. Et ce que j'ai à faire l'est bien davantage.... (*Appelant.*) Catherine

SCENE VIII.

Les Mêmes, CATHERINE *.

CATHERINE. Me voilà !.. (*Voyant Timoléon, d'un air satisfait.*) Ah! M. Timoléon!

TIMOLÉON. Capitaine, deux mots... je ne vous demande que d'écouter deux mots...

CATHERINE, *à part.* Ah ! si c'était sa déclaration.

LE CAPITAINE. Eh !.. plus tard... demain !

TIMOLÉON. Il faut que ça se décide aujourd'hui... il y va du sort de toute ma vie...

CATHERINE, *à part, avec joie.* Juste!

LE CAPITAINE. Je vous répète que je n'ai pas le temps... laissez-nous, que diable!.. je suis le maître chez moi!

TIMOLÉON, *à part.* Brutal !

CATHERINE, *bas au capitaine.* Qu'est-ce que vous faites donc?.. puisque l'autre gendre vous manque, allez-vous rebuter encore celui-là ?

LE CAPITAINE, *étonné.* Celui-là!.. comment? comment ?

CATHERINE. Eh oui!.. laissez-moi faire. (*A Timoléon.*) Ne faites pas attention à la vivacité de mon maître, monsieur Timoléon... c'est qu'il ne se doutait pas... mais ça ne doit pas vous empêcher de lui faire votre demande en mariage.

TIMOLÉON. Hein?..

LE CAPITAINE. Quoi! jeune homme.... est-il vrai que ce soit là le motif?

CATHERINE. Eh! oui, certainement... il me l'a confié, pas plus tard qu'hier...

TIMOLÉON, *à part.* Aïe !.. (*Bas à Catherine.*) Chut donc!

CATHERINE. Et pourquoi ça?.. puisqu'il faut toujours que le père sache tout.

TIMOLÉON, *s'efforçant de sourire et faisant des signes.* Tout... mais... mais... quoi?

CATHERINE. Eh ! pardine... votre amour pour mamzelle.

TIMOLÉON. Permettez...

LE CAPITAINE. Vous aimez Henriette... et vous ne m'en aviez rien dit?

TIMOLÉON. Capitaine... soyez sûr... il est bon de vous faire observer... parce que... moi d'abord...

LE CAPITAINE, *à part, avec défiance.* Ce trouble... cet air d'embarras...

CATHERINE, *à Timoléon.* Allons, allons, ne soyez plus timide... l'occasion est favorable.

TIMOLÉON, *à part.* Maudite vieille... qui me fourre dans un guêpier !..

LE CAPITAINE, *observant Timoléon.* Eh bien! jeune homme... que signifie ce qu'on m'apprend là?... parlerez-vous?

TIMOLÉON. Oui, capitaine, oui, demain, puisque vous êtes en affaire...

LE CAPITAINE. Restez !

TIMOLÉON, *à part.* Aïe! aïe!

LE CAPITAINE, *à part.* Quel soupçon !.. (*Haut.*) Oui ou non, avez-vous dit que vous aimiez Henriette?

TIMOLÉON Capitaine...

CATHERINE. S'il l'a dit!.. mieux que ça... prouvé... oui, capitaine, je vous réponds de lui... cette cour qu'il fait depuis deux mois à mamzelle... ses visites tous les jours...

TIMOLÉON. Ah ! tous les jours...

CATHERINE. Et ça... dès que vous veniez de sortir.

TIMOLÉON. Le hasard...

CATHERINE. Et chaque fois, des attentions, des galanteries... encore hier... un bouquet superbe.

TIMOLÉON. Un tout petit bouquet...

CATHERINE. Sans compter pour moi-même des cadeaux à l'infini... si tout ça n'est pas de l'amour... allez, allez... vous pouvez sans crainte lui accorder la main de votre fille.

LE CAPITAINE, *regardant Timoléon avec sévérité.* Il ne me l'a pas encore demandée...

TIMOLÉON. Certainement, capitaine... je serais trop heureux!.. Mlle Henriette mérite bien... je dirai plus... elle est digne des adorations de l'univers....en général.

CATHERINE. Ah ! il s'enhardit.

LE CAPITAINE *. Au fait, monsieur, sans phrases... quels étaient vos projets, le but de vos assiduités ?..

TIMOLÉON. Mes projets... mais aucun... dame Catherine a commis une erreur.

CATHERINE. Hein ?..

TIMOLÉON. Une erreur grossière... si j'entrais ici, c'était comme voisin, sans intention... parce que je passais devant la porte.

CATHERINE. En montant cinq étages...

TIMOLÉON. Et si j'ai été galant, aimable, c'est tout naturel, une suite de l'habitude... car vous pouvez croire, capitaine... que jamais... au grand jamais .. (*Le capitaine marche sur lui, il recule en*

* Timoléon, Catherine, le Capitaine.

* Timoléon, le Capitaine, Catherine.

tremblant.) Eh! eh! capitaine... eh! eh! capitaine!

LE CAPITAINE. Catherine, ouvrez la fenêtre.

TIMOLÉON. Ne l'ouvrez pas, Catherine! ne l'ouvrez pas!

CATHERINE, *au capitaine, qui a saisi Timoléon à la gorge.* Monsieur... monsieur... qu'allez-vous faire?

TIMOLÉON. Capitaine... je vous jure que vous... capitaine, vous m'étranglez... parole d'honneur... vous... au secours!

CATHERINE, *au capitaine.* Monsieur, pour votre fille...

LE CAPITAINE, *repoussant Timoléon, qui va tomber sur un siége.* Ma fille! vous avez raison... ce n'est pas ainsi que ça doit se terminer.

TIMOLÉON. Non, capitaine, non... expliquons-nous tranquillement, parceque... vous êtes vif, moi aussi, ça pourrait aller trop loin... expliquons-nous à l'amiable... et je vous démontrerai qu'il y a méprise, car en supposant que je fusse un séducteur... (*le capitaine lui lance un regard*) je ne le suis pas... mais supposons... encore faut-il le temps... et moi... (*A part.*) C'est très-adroit! (*Haut.*) Moi qui étais à la veille de partir pour une expédition lointaine!..

LE CAPITAINE. Une expédition?.. ah! oui, en Portugal, je n'y pensais plus... c'est elle avec ses bavardages...

CATHERINE, *à part.* Bavardages! hum... on sait ce qu'on sait.

TIMOLÉON. Et le départ est fixé à ce soir.

LE CAPITAINE. Ce soir... en effet, Mayrand me l'a dit.

TIMOLÉON. Et mon cousin le général vient de nous l'apprendre.

CATHERINE, *à part.* Tant mieux .. va-t'en... bon débarras!

LE CAPITAINE, *réfléchissant.* Ce soir!.,. (*A Timoléon.*) Est-il encore chez votre oncle, le général?

TIMOLÉON. Sans doute, puisqu'il attend mon retour, et la réponse au renseignement que je venais vous demander.

LE CAPITAINE. Lequel?

TIMOLÉON. Voilà : c'est que mon cher oncle, qui tenait tant à me mettre de l'expédition... eh bien! ce matin, en se voyant près du moment décisif... une émotion... un attendrissement... juste comme vous pour votre fille... vous savez ce que vous me disiez hier?

LE CAPITAINE, *à part, avec émotion.* Hier... ah!.. (*Haut, brusquement.*) Allez!.. allez donc!..

TIMOLÉON. Si bien que cet excellent oncle a obtenu ma liberté... à une condition, *sine qua non.*

LE CAPITAINE.

AIR : *du Piége*

D'quoi s'agit il?..

TIMOLÉON.

Parbleu! de mon brevet
De colonel, dont on ne sait que faire.
A qui sitôt le donner?.. Il faudrait
Avant ce soir trouver un militaire
Habile, brave et plein de qualités,
Pour me remplacer tout de suite...

LE CAPITAINE.

Pour vous remplacer?..

TIMOLÉON.

Vous sentez
Qu'il faut un homme de mérite.

Aussi mon oncle m'envoyait vous demander si parmi les officiers de vos amis... car le général, qui vous connaît de réputation, et qui fait le plus grand cas de vous, a déclaré que de votre main il accepterait aveuglément.

LE CAPITAINE. Il a dit cela?.. eh bien! oui, oui... c'est possible; je crois que j'ai son affaire...

TIMOLÉON. Vrai? tout de suite?.. et qui donc?

LE CAPITAINE. Un officier en demi-solde... une vieille moustache de l'empire.

TIMOLÉON. Tant mieux!.. voilà ce qu'il nous faut, ne cherchons pas ailleurs... et si vous voulez seulement écrire un bout de lettre...

LE CAPITAINE, *à part.* Une lettre... en effet... oui... c'est par là qu'il faut commencer...

Il se met à la table et écrit.

CATHERINE, *à part.* Là!.. de quoi va-t-il s'occuper... quand le sort de sa fille... (*Haut au capitaine.*) Monsieur...

LE CAPITAINE, *écrivant.* Paix!.. vieille folle!

CATHERINE. Hein?

TIMOLÉON. On vous dit : Paix, vieille...

CATHERINE, *avec aigreur.* J'ai bien entendu.

TIMOLÉON. Bien sensible à votre empressement, capitaine, on ne peut plus sensible... pour mon oncle, qui a une peur que ça ne s'arrange pas assez tôt... et il a raison... parce que, si ça tardait, je n'aurais peut-être plus le courage de renoncer à être un brave.... aussi je tiens à me dépêcher d'en finir, pour n'avoir plus de tentations.

LE CAPITAINE, *pliant sa lettre.* Voilà!

TIMOLÉON. Merci, capitaine.

LE CAPITAINE, *sans faire attention à lui.* Catherine.

TIMOLÉON, *voulant prendre la lettre.* Non, non, j'irai.. . je la porterai moi-même.... (*A part.*) C'est plus sûr.

LE CAPITAINE, *tendant la lettre à Catherine.* Tenez, Catherine.

TIMOLÉON. Pardon, capitaine, je vous dis que j'aime mieux... les égards... les convenances...

LE CAPITAINE. Paix donc, bavard!

TIMOLÉON. Hein?

CATHERINE. On vous dit: Paix, bavard.

TIMOLÉON. J'entends très-bien.

LE CAPITAINE, *donnant sa lettre à Catherine.* Vous connaissez l'adresse, allez sur-le-champ...

CATHERINE, *lisant l'adresse.* A Mme Savery... Comment?

TIMOLÉON, *étonné.* Une femme!

CATHERINE. Capitaine, si c'était encore là un de vos coups de tête?..

LE CAPITAINE. Allez, vous dis-je!

TIMOLÉON. Permettez... une dame... pour les fonctions d'aide de camp...

LE CAPITAINE. Soyez tranquille, votre remplaçant, vous l'aurez...

TIMOLÉON. Quel est-il donc?

LE CAPITAINE. C'est...

SCENE IX.

LES MÊMES, HENRIETTE *.

HENRIETTE, *entrant.* Enfin me voilà revenue...

Elle quitte son schall.

LE CAPITAINE, *à part.* Ma fille!

CATHERINE, *de même.* Mamzelle!

TIMOLÉON, *de même.* La jolie brodeuse, qui m'a valu une fière algarade!

HENRIETTE, *apercevant le capitaine.* Ah! mon père!.. mais vous serez en retard....

LE CAPITAINE. Tu crois?

HENRIETTE. Qui vous a donc retenu?

LE CAPITAINE, *embarrassé.* Mais.... c'est...

TIMOLÉON. C'est moi, mademoiselle....

HENRIETTE. M. Timoléon...

TIMOLÉON. Un service que j'ai réclamé de M. votre père...

HENRIETTE. Un service!.. (*A part.*) Ah! tant mieux!.. j'en serai plus complètement quitte envers lui.

TIMOLÉON. Et comme il y a urgence... Nous disions donc, capitaine, que ce remplaçant...

* Henriette, Catherine, le Capitaine, Timoléon.

LE CAPITAINE, *l'entraînant d'un côté du théâtre.* Par ici... par ici!..

TIMOLÉON. C'est juste... affaires militaires... ça n'intéresserait pas mademoiselle.

HENRIETTE. Que je ne vous gêne pas...

Le Capitaine et Timoléon causent bas.

CATHERINE. Ah! mamzelle.... si vous saviez...

HENRIETTE, *tirant un rouleau de son sac.* Avant tout, ma bonne Catherine, dès que tu le pourras, porte cet argent, toi-même, à M. Timoléon, en échange de ce malheureux billet.

CATHERINE. Oui, oui, mamzelle... mais apprenez...

TIMOLÉON, *avec un cri de surprise.* Bah! cap...

LE CAPITAINE, *bas.* Silence!

CATHERINE. Hein?.. quoi encore?

HENRIETTE. Qu'y a-t-il donc, mon père?

LE CAPITAINE. C'est moi... une maladresse... en causant.

CATHERINE. Avec lui... toujours des frayeurs.

LE CAPITAINE. Comment!... encore ici, Catherine... qu'est-ce que vous faites là?..

CATHERINE. Je dis un mot à mamzelle.

LE CAPITAINE. Un mot.... quel mot?... qu'est-ce qu'elle t'a dit?

HENRIETTE. Rien encore... elle allait me conter...

LE CAPITAINE. Ah! oui, oui... une petite discussion avec ce jeune homme.

TIMOLÉON, *à part.* Où tu voulais me jeter par la fenêtre!..

LE CAPITAINE. Une niaiserie... sans sujet... et qui ne m'empêche pas de lui rendre un service...

TIMOLÉON, *à part.* Dont tu profites...

LE CAPITAINE. Tu vois... il n'y a pas autre chose... Ainsi, Catherine, en route où je vous ai envoyée...

CATHERINE. Mais...

LE CAPITAINE. En route!... (*A Timoléon.*) Vous aussi, jeune homme.

TIMOLÉON. Tout de suite, capitaine, votre commission va être faite.

LE CAPITAINE.

AIR : *Désormais plus d'absence.*

Sans retard, partez vite
Tous les deux;
Je promets réussite
A vos vœux.

TIMOLÉON, *à part.*

Ton projet m'enchante;
Pars ce soir, et dès demain
Ta fille charmante

Avec moi fait du chemin.
Malgré sa colère,
Je persiste à l'obtenir;
Des torts de son père
Je ne dois pas la punir.

LE CAPITAINE. Allons, allons...

TIMOLÉON. Voilà... (*Il salue Henriette.*) Mademoiselle.

ENSEMBLE.

LE CAPITAINE.

Sans retard, partez vite
Tous les deux;
Je promets réussite
A vos vœux.

TIMOLÉON ET CATHERINE.

Sans retard, partons vite
Tous les deux;
Il promet réussite
A nos vœux.

HENRIETTE.

Mon cœur bat et palpite!
Jour heureux!
Tout promet réussite
A mes vœux.

Timoléon et Catherine sortent.

SCENE X.

HENRIETTE, LE CAPITAINE.

LE CAPITAINE, *au fond, regardant sa fille après un silence.* Ma pauvre fille!... Voilà donc le dernier moment que je passe auprès d'elle!

HENRIETTE. Comme vous restez là à me regarder! Eh bien!... vous ne sortez pas pour ce déjeuner d'amis?...

LE CAPITAINE. Non!... j'ai changé d'idée...

HENRIETTE. Et pourquoi?...

LE CAPITAINE. Parce que... parce que des adieux!... A quoi est-ce bon? à quoi ça sert-il?... à ébranler le courage de celui qui part, à doubler le chagrin de ceux qui restent.

HENRIETTE. Du chagrin!... Oh! alors, n'y allez pas... car il ne faut pas avoir l'air triste aujourd'hui; que penserait Alfred?... Il croirait peut-être que je ne l'épouse qu'avec regret et pour sa position dans le monde... Et ce serait le tromper, car s'il faut vous l'avouer, mon père, depuis deux ans, depuis que je l'ai rencontré à la pension de sa sœur...

LE CAPITAINE. Tu l'aimais?

HENRIETTE. Je ne m'en rendais pas compte, ou plutôt, je cherchais à l'ignorer, tant que je ne voyais aucun espoir... mais aujourd'hui qu'il a parlé, que je connais son cœur, s'il fallait renoncer à lui, ah!... je le sens là... je n'y survivrais pas.

LE CAPITAINE, *à part.* Mon Dieu!... que j'ai bien fait!...

HENRIETTE. C'est que vous ne savez pas, mon père!...

LE CAPITAINE. Quoi donc?...

HENRIETTE. Ce que vient de m'apprendre la dame de chez qui je sors... une amie de sa famille... elle avait voulu le marier... un parti riche, brillant, fait pour séduire un ambitieux... Eh bien! hier, en sortant d'obtenir votre consentement, il a couru chez elle, la prier de ne pas donner suite à ses démarches, lui faire part de son amour pour moi, de notre prochain mariage... Et jugez combien elle a été surprise en devinant à quelques mots qu'il s'agissait de sa petite brodeuse; aussi, ce matin, cette bonne dame de Rainville, elle m'a reçue avec une affection, une grâce!... Elle s'excusait presque de m'avoir donné de l'ouvrage... elle me demandait mon amitié en me racontant la joie, les transports d'Alfred, tous les éloges qu'il lui a faits de moi... (*En souriant.*) Des exagérations, des folies.... Oh!.... il m'aime!...

LE CAPITAINE. Oui.... oui.... Digne jeune homme... un cœur chaud et loyal... je le sais bien... (*A part.*) Sans cela...

HENRIETTE. Aussi, allez!... je suis bien heureuse!

LE CAPITAINE. Vrai!... répète-le-moi... ça me fait du bien... (*A part.*) Ça me console, c'est ma récompense!

HENRIETTE. Heureuse, au point qu'il y a des momens où je me demande ce que j'ai fait pour mériter du ciel tout ce bonheur-là.

LE CAPITAINE. Ce que tu as fait!... ce que tu as fait!... je te le dirai, moi!... Tu as été le modèle des filles, un ange de tendresse et de dévouement pour ton père.... Ce que tu as fait!... vois-tu... je devrais ne t'en parler qu'à genoux.

HENRIETTE. Par exemple!... mais, mon père!...

LE CAPITAINE. Oh!.... laisse-moi, laisse-moi soulager mon cœur, te remercier à mon aise, j'en ai besoin!...

HENRIETTE. Me remercier, vous!... et que ferai-je donc, moi, alors?...

LE CAPITAINE. Toi!...

HENRIETTE. Aussi, tout-à-l'heure... en chemin, je formais le plus joli plan...

LE CAPITAINE. Lequel?...

HENRIETTE. Si je vous le dis, il n'y aura plus de surprise.... Mais c'est égal.... je n'y tiens pas... Oui, mon bon père... oui, vos goûts vont être enfin satisfaits... A côté de notre appartement sera le vôtre.. une vaste chambre, décorée en forme de tente, dont j'ai dans ma tête tous les ornemens, des aigles, des trophées d'armes, et puis plus tard, peu à peu, sur mes économies, toutes ces belles gravures des batailles de la révolution et de l'empire; en un mot, des souvenirs de votre gloire; vous en serez fier, heureux...

AIR : *de Colalto.*

Et là j'irai chaque matin,
Unissant mon bonheur au vôtre,
Vous embrasser, vous offrir de ma main
Ce qui vous plairait moins présenté par tout autre.
De vos combats, de vos nombreux succès,
Nous relirons ensemble quelque page,
Et du passé je vous rendrai l'image,
Pour vous en ôter les regrets.

LE CAPITAINE. Ma fille!... Ah!... tais-toi!... tais-toi!...

HENRIETTE. Comment!... Est-ce que ce tableau-là ne vous fait pas plaisir?...

LE CAPITAINE. Il fait... que pour toi... ce n'est pas assez de mon sang... de ma vie!... Je voudrais... (*A part.*) Et il faut la quitter!... O mon Dieu!... donnez-moi de la force!

SCENE XI.

LES MÊMES, ALFRED.

ALFRED, *entrant vivement.* Ah! capitaine... je viens, j'accours vous dire...

LE CAPITAINE, *bas.* Chut!...

HENRIETTE. Alfred!...

ALFRED. Ah! Mlle Henriette est rentrée?...

LE CAPITAINE. Catherine ne vous en avait pas prévenu?...

ALFRED. Non... Je n'ai pas même vu Catherine, car j'étais tout-à-l'heure auprès de ma mère...

LE CAPITAINE. Quand on lui a remis ma lettre?...

ALFRED. Et à peine l'avait-elle lue, qu'elle m'a envoyé précipitamment...

LE CAPITAINE, *l'interrompant.* M'apporter sa réponse... Nous en causerons...

HENRIETTE. Comment, mon père!... vous aviez écrit à Mme Savery?... et pourquoi donc?...

LE CAPITAINE, *se contenant.* Pourquoi!... (*Affectant un air gai.*) Curieuse!... et si, moi aussi, je t'avais préparé une surprise!..

HENRIETTE. A moi!...

LE CAPITAINE. Une proposition que j'ai faite à Mme Savery... (*Regardant Alfred.*) Et... si elle consent....

ALFRED. Pouviez-vous douter...?

LE CAPITAINE, *l'interrompant, et lui serrant la main en cachette.* Bien... bien... Ça suffit...

HENRIETTE. Quelle proposition?

LE CAPITAINE. De t'emmener ce matin même, avec elle, à Rouen, chez sa fille, ton amie de pension...

HENRIETTE. Chez Clémentine!...

LE CAPITAINE. Et c'est là que dans trois semaines se fera le mariage, sans bruit... en famille.

HENRIETTE. Il se pourrait!.. Ah! mon bon père!... Eh quoi! Alfred, vous ne dites rien.... vous ne vous joignez pas à moi pour le remercier?... et pourtant il le mérite, allez... Songez donc... à son âge... se déplacer... rompre ses habitudes, se transporter dans des lieux où il est étranger, où il ne connaît personne, et tout cela pour vous... pour moi!...

ALFRED. Ah! croyez, chère Henriette, que la générosité du capitaine a été vivement sentie... (*Avec intention.*) Et s'il veut m'entendre...

LE CAPITAINE, *l'interrompant.* A quoi bon?... Il ne s'agit pas de ça... mais de tes apprêts de voyage, Henriette.... car, Mme Savery doit venir te prendre dans une heure, n'est-ce pas, Alfred?...

ALFRED. Oui, capitaine...

LE CAPITAINE. Tu entends... va tout préparer...

HENRIETTE. Mais, mon père, et vous?...

LE CAPITAINE. Ne t'inquiète pas de moi; j'aime mieux que tu partes la première...et moi!... moi!... je partirai ensuite.

HENRIETTE. Bientôt, n'est-ce pas?...

LE CAPITAINE. Aujourd'hui.

HENRIETTE. Ah! tant mieux!... Que Clémentine va être contente! Et moi! Rien ne manquera donc à mon bonheur, le jour de mon mariage, je serai entourée de tous ceux que j'aime!...

LE CAPITAINE, *à part.* De tous! ah!... (*Haut.*) Va, va, ma fille.

HENRIETTE. Je ne perds pas un instant.

Elle entre chez elle.

SCENE XII.

LE CAPITAINE, ALFRED.

ALFRED. Elle n'est plus là... et je puis donc enfin m'expliquer... J'ignore, capitaine, comment vous avez pu deviner les conditions exprimées par ma mère dans cette fatale lettre que j'étais parvenu à ressaisir... Mais, retourné près d'elle, déjà, je vous l'atteste, j'avais à peu près triomphé de ses préventions, quand votre message lui est arrivé, et à peine en a-t-elle eu pris connaissance,

Air : *de Renaud.*

Je surprends, dans ses traits émus,
Un changement prompt et sincère;
Elle s'écrie : « Ah ! je n'hésite plus;
» Sois fier, mon fils, de le nommer ton père.
» Ne parlons plus de séparation,
» Car il n'est rien qu'un pareil trait n'efface !
» A nos côtés sera toujours sa place,
» C'est ma seule condition. »

LE CAPITAINE. Vrai ! elle a tenu ce langage ?

ALFRED. Tel que je vous le répète.

LE CAPITAINE. Merci !... C'est d'une brave et digne femme.

ALFRED. Et vous nous restez ?...

LE CAPITAINE. Je pars...

ALFRED. Vous persisteriez...

LE CAPITAINE. Il le faut !... J'y ai réfléchi... j'ai ouvert les yeux. Tôt ou tard... je deviendrais entre vous et ma fille une occasion de froideur, de reproches.

ALFRED. Capitaine...

LE CAPITAINE. De désunion, peut-être... Oui... car j'aurais beau vouloir m'observer... nous autres vieux soldats, nous sommes capables une bonne fois d'un grand effort... Mais en détail, mais dans la vie ordinaire, ces bienséances du monde, cette attention, cette contrainte de tous les instans... impossible... il ne faut pas attendre cela de nous... Depuis quinze ans, on s'amuse à nous peindre tantôt en brigands et en monstres, tantôt en modèles de perfection et de délicatesse. Eh bien !... ni l'un ni l'autre... Cœurs chauds, têtes plus chaudes encore !... Voilà les soldats de l'empire !...

ALFRED. Mais...

LE CAPITAINE. Mais... Ma résolution est prise ; pas un mot de plus sur ce sujet... Seulement, si vous voyez là un sacrifice de ma part, si vous croyez m'en devoir quelque reconnaissance, il ne tient qu'à vous de me la témoigner.

ALFRED. Ah ! soyez sûr que le bonheur d'Henriette...

LE CAPITAINE. Je ne vous le recommande pas... Vous l'épousez par amour... vous êtes honnête homme... ça me suffit... Je suis tranquille là-dessus ; c'est d'autre chose qu'il s'agit... Cette enfant, voyez-vous, elle est habituée à son père, elle a pour lui de l'affection... de la tendresse... (*Avec une explosion de douleur.*) Car... c'est vrai, plus je lui faisais demal... plus elle m'aimait !...

ALFRED. Capitaine...

LE CAPITAINE. Et... quand vous ne pourrez plus la tromper sur mon absence, qu'il faudra enfin lui avouer où je suis... Ah ! dam !... ma pauvre fille !... il y aura des larmes, de l'affliction... et c'est alors, mon ami, mon fils, que je compte sur vous, que ce ne sera pas trop de tous vos soins, de tous vos efforts, pour me la bien consoler, me la distraire. (*Plus bas.*) Et puis, si plus tard il vous arrivait de Portugal la nouvelle qu'un boulet de canon...

ALFRED. Ah ! mon père !...

LE CAPITAINE. Eh bien ! non... non... ça n'arrivera pas... ce n'est pas probable... Bah ! une guerre de pygmées... J'en ai vu bien d'autres dont je suis revenu... pourquoi ne reviendrais-je pas de celle-là ?... un peu cassé, un peu usé sans doute... Et tant mieux ! ça aura calmé cette fougue, cette humeur désordonnée et remuante : si je n'ai pas gagné plus de raison, j'aurai gagné des infirmités, ça revient au même... et alors... plus de danger, plus de crainte, vous pourrez me donner une petite place chez vous, au coin de votre feu, à côté de ma fille... pour que j'aie le temps de connaître un peu vos enfans avant de mourir, de les faire sauter sur mes genoux, jouer avec mes cheveux blancs, enfin leur laisser un souvenir de leur grand-père...

ALFRED, *ému.* Ah !... vous êtes le meilleur des hommes.

SCENE XIII.

LES MÊMES, CATHERINE.

CATHERINE, *au capitaine.* Ah ! mon maître !... mon bon maître !... ce que madame Savery vient de m'apprendre !... Et moi qui ai pu vous accuser... murmurer contre vous !... Pardon !... pardon !... combien je me repens !...

LE CAPITAINE. Silence !... ma fille est là...

Montrant la chambre d'Henriette.

CATHERINE. Qu'importe ?.... il faut qu'elle sache ce que vous vouliez faire pour elle, puisqu'elle en aura le plaisir sans en avoir le chagrin ; car Mme Savery m'envoye exprès pour vous répéter, après son fils, qu'elle n'accepte que la moitié de votre projet, et qu'elle va venir chercher Mlle Henriette pour l'emmener à Rouen, mais à condition qu'elle vous emmènera aussi.

ALFRED. Vous entendez, capitaine... et vous ne pouvez résister...

LE CAPITAINE. Est-ce qu'il m'en reste le choix ?... est-ce que je suis libre ?... si le général a accueilli ma demande... c'est à lui que j'appartiens, car je lui ai fait donner ma parole... et la parole d'un soldat...

ALFRED. Eh bien!... en courant la reprendre, vous dégager... Il est peut-être temps encore...

SCENE XIV.

LES MÊMES, TIMOLÉON.

TIMOLÉON, *apportant un papier plié.* Capitaine, voilà votre brevet.

CATHERINE, *à part.* Maudit sournois!...

TIMOLÉON. Signé de mon cousin le général.

ALFRED. O ciel!...

LE CAPITAINE, *avec agitation, et faisant effort sur lui-même.* Merci!.. (*Il prend le brevet, à part.*) Allons! c'en est fait!...

TIMOLÉON. Et je suis chargé, en outre, de vous annoncer qu'une voiture de l'ambassade va vous conduire à la réunion des officiers, auxquels vous devez être présenté par le général avant votre départ.

SCENE XV.

LES MÊMES, HENRIETTE, *en costume de voyage, portant les effets que son père lui a donnés.*

HENRIETTE, *elle a entendu les dernières paroles.* Votre départ!.... le général!.... Mon père... que signifie?...

TOUS. C'est elle!...

LE CAPITAINE. Rien! rien!... mon enfant!...

HENRIETTE. Rien!... Et le trouble d'Alfred!... Catherine qui pleure!... vous-même, vous êtes ému! MonDieu! mon Diue! que me cache-t-on?... mon père!... Je veux savoir...

LE CAPITAINE. Eh bien! voyons, mon enfant... Toi qui m'as déjà fait tant de sacrifices, s'il y en avait un, nécessaire à mon bonheur, maintenant que le tien est assuré... est-ce que tu me refuserais?

HENRIETTE, *devinant.* Mon père!... Oh! celui-là, jamais!

Elle se jette dans ses bras et sanglotte.

SCENE XVI.

LES PRÉCÉDENS, UN VALET *en grande livrée*, DEUX LAQUAIS *en dehors.*

LE VALET. La voiture de son excellence l'ambassadeur de Portugal attend M. le colonel Duhamel.

HENRIETTE. De Portugal!... et ce serait là que vous allez!... à l'étranger... si loin de nous!...

LE CAPITAINE. Allons! allons!... il n'y a plus à remettre... Embrasse-moi, et du courage... (*Il l'embrasse.*) Adieu, ma fille... va... tu ne manqueras pas d'appui, d'amitiés, de consolations!...

HENRIETTE. Mon père!

LE CAPITAINE, *s'arrachant des bras de sa fille.* Henriette!... mes amis!... je vous la recommande!... Adieu!.. adieu, tous...

Il s'élance vers la porte.

HENRIETTE, *tombant à demi évanouie.* Mon père!...

CATHERINE, *la soutenant.* Mamzelle!...

ALFRED, *de même.* Henriette!... mon amie!... ma femme!...

TIMOLÉON, *éclairé par ce dernier mot.* Hein!...

Le Capitaine se retourne près de la porte pour jeter un dernier regard sur sa fille; la toile tombe.

FIN.

IMPRIMERIE DE Ve DONDEY-DUPRÉ, RUE SAINT-LOUIS, 46, AU MARAIS.

www.ingramcontent.com/pod-product-compliance
Ingram Content Group UK Ltd.
Pitfield, Milton Keynes, MK11 3LW, UK
UKHW020530180726
13839UKWH00005B/2413